尘镜逆熵

从中国文化走出的逻辑

赵波 著

黄河出版传媒集团
宁夏人民出版社

图书在版编目（CIP）数据

尘镜逆熵：从中国文化走出的逻辑 / 赵波著. -- 银川：宁夏人民出版社，2023. 12

ISBN 978-7-227-07965-1

Ⅰ. ①尘… Ⅱ. ①赵… Ⅲ. ①中华文化 - 应用 - 企业管理 - 研究 Ⅳ. ① F272

中国国家版本馆 CIP 数据核字（2024）第 029510 号

尘镜逆熵：从中国文化走出的逻辑　　赵波　著

责任编辑　管世献
责任校对　陈　晶
装帧设计　王敬忠
责任印制　侯　俊

黄河出版传媒集团
宁夏人民出版社　出版发行

出 版 人　薛文斌
地　　址　宁夏银川市北京东路 139 号出版大厦（750001）
网　　址　http://www.yrpubm.com
网上书店　http://www.hh-book.com
电子信箱　nxrmcbs@126.com
邮购电话　0951-5052104　5052106
经　　销　全国新华书店
印刷装订　宁夏银报智能科技印刷有限公司
印刷委托书号　（宁）0028640

开本　720 mm × 980 mm　1/16
印张　19
字数　250 千字
版次　2023 年 12 月第 1 版
印次　2023 年 12 月第 1 次印刷
书号　ISBN 978-7-227-07965-1
定价　58.00 元

序

举目星空，总会震撼于宇宙之浩大；

环观世界，总会感叹于个人之渺小；

回望历史，总会无奈于必然与偶然；

希冀未来，又总会忐忑于重重迷雾。

“念天地之悠悠，独怆然而涕下。”滚滚红尘，浮浮沉沉；千愁万绪，心无所居。

可以“菩提本无树，明镜亦非台。本来无一物，何处惹尘埃。”但又总会面临混乱无序，总会承受无数干扰，总会困于复杂局面，总会纠缠于矛盾之中。

怎么办?

天下之难，必作于易；天下之大，必作于细。

尘镜中需要我们逆熵而行，需要直面避无可避的熵增难题，需要及时从无序到有序。

如何做到?

理性、逻辑，科学、规则，原理、原则。但都有局限性，中国文化中的理性成分正好可以作出重要的补充完善。

无论是五层逻辑、七阶发展，还是三才五行分类、八卦演化、六十四状态系统模拟，这种提炼及融合在现实世界中具有极高的应用价值。

本书分为四大部分：《思维杂谈：我们认知与发展的逻辑》《文化的融合：中国文化与现代企业》《管理杂谈：我们决策的逻辑》以及《缺失的环节：民企问题的反思》。

让我们能共情、同理，一同走入中国文化理性逻辑的认知大门。

赵　波

2023年7月

目　录

思维杂谈　我们认知与发展的逻辑

管理杂谈　我们决策的逻辑

缺失的环节　民企问题的反思

思维杂谈

我们认知与发展的逻辑

引子

01

我们需要思考，需要理性思考，需要思维逻辑，需要有底层逻辑概念。

底层逻辑需要结构化、层次化，需要由浅到深、由表及里，需要环环相扣、逐步递进，需要过程推导、系统完整。

这个完整逻辑应该有五层逻辑，即外部表观逻辑、内部基本逻辑、是非逻辑、善恶逻辑、行为指导逻辑。

五层逻辑是底层逻辑的逻辑，是底层逻辑的规则体现。

02

过程对我们无比重要。

事物发展一定有个过程，子弹也需要飞一会儿。

思想是慢慢成熟的，需要大量的过程思考。

学习有过程，成长有过程，成功有过程；企业发展有过程，问题产生有过程，项目完成有过程；故事发展有过程，能量蓄积有过程，量变到质变有过程。

没有过程，一步飞跃不太可能。就是飞过去，也可能会掉下来。

因此，发展过程无比重要，需要认真觉察体悟其背后的演变规律。

事物的发展很复杂。事物的外部表现千变万化，内部原因各有乾坤。有因有果，有果有因。但细究下来，可以发现复杂的表象之下，其实质可能却只是几个核心要素之间的矛盾演化纠葛。

这种演化的轨迹就是事物发展的规律，有七个阶段：母体期、赋能期、催化期、体验期、形意期、蜕变期、大道期。

我们需要认知思维方面的不断反思及探讨。

希望这些思路能给大家一些启发。

第一章 五层逻辑：理性思维的本质

现实中的问题

01

思考不简单。

理性思考就更不简单。

理性需要逻辑，要讲底层逻辑。

早先，我们没有逻辑这些概念。

大家只想一门心思做事，能把事做好就行。有活干，有事做，有钱拿。不用再为生计、为生存发愁。

知道是什么。

接着，我们会发现，不但需要有事做，还需要把事做好。做不好事，这钱拿得也不安生。

需要多想想为什么。

于是需要大量学习。

学习经典理论、学习实践知识、学习基层经验；学习先进文化、学习标杆案例；学习西方科学、学习传统哲学。

02

事慢慢越做越多。

但又会发现，问题不是越来越少，而是越来越多；关系不是越来越简单，而是越来越复杂。

随着问题出现，学会了一个词：“逻辑”。

问题要讲逻辑，做事要讲逻辑，文件要讲逻辑，PPT要讲逻辑，忽悠要讲逻辑，规矩要讲逻辑。

逻辑其实无所不在。

这时的逻辑更多的是法律逻辑、合规逻辑、商业逻辑、风险逻辑，明白底线、红线、下限。

知道不是什么。

03

到这个理解层级，应该足够了。

市场经济环境下，法治化是基础。法无禁止即可为，法无授权即禁止。

随着干更大的事，接触更多的资金，从事更复杂的企业活动，又会发现，没那么简单。

“法”本身可能不完善、不健全，“法”有漏洞、有空子；“法”会变、会折腾。

那就绕开红灯，先把事干了再说；钻上空子，先获得利益就行。否则，依法办事，却可能吃了大亏。

应该这样吗？

事实告诉我们，不能长久，会有后遗症。

问题在哪儿?

对于社会面来说，传统文化中的善恶伦理概念深入大家的骨髓。

以是非逻辑为主构建的法律逻辑也要受到善恶逻辑的约束，暂时的不完善迟早也会被补上漏洞。

一旦如此，当初占了便宜、钻了空子等行为，很可能就不能被社会所原谅。

因此，我们需要有善恶逻辑概念，需要奉行善逻辑，而不是相反的恶逻辑。

04

现实还是很残酷。

当看到了一批伪善人、伪君子，当发现了不少口是心非、口蜜腹剑、嘴上一套实际一套、当面一套背后一套的行为时，不由得会感慨万千，咋会是这样?

最凶险的往往在最后时刻。

有句古老的商场谚语：“The last promise, is the only one you can break。”意思是，最后一个承诺，是唯一可以不遵守的承诺。

细思极恐，有些可怕。

带着问题，直到理解了中国儒学大家王阳明先生。一定还存在一个行为指导逻辑。这个正确逻辑是：致良知的知行合一。否则，回到上面。

缺乏良知的知行不合一是最大的欺骗。

05

因此，我们需要思考，需要理性思考。

理性思考需要思维逻辑，需要有底层逻辑概念。

底层逻辑需要结构化、层次化，需要由浅到深、由表及里，需要环环相扣、逐步递进，需要过程推导、系统完整。

这个完整逻辑应该有五层逻辑。

1.外部表观逻辑

这是事物本体外在呈现的逻辑。

2.内部基本逻辑

这是事物本体存在的基本运行逻辑。

3.是非逻辑

这是事物内部基本逻辑的约束逻辑。

4.善恶逻辑

这是事物内部基本逻辑及是非逻辑的约束逻辑。

5.行为指导逻辑

这是对前四层逻辑全面融会贯通的输出逻辑。

06

我们需要理性思考，需要底层逻辑概念，更需要完整的五层逻辑认知。

五层逻辑是底层逻辑的逻辑，是底层逻辑的规则体现。

五层逻辑认知可以非常有用。

简单总结下，可以有九大应用场景：事件评估的五个层级、项目及企业评估的五个层级、科学决策的六个步骤、管理权限的五层逻辑、平台化边界管理的五层逻辑、人物评估的五层逻辑、区域评估的五层逻辑、反转提升的五层逻辑、五层逻辑与五行分类。

总之，我们需要认知思维方面的不断反思及探讨。

难以缺席的五层逻辑思维

01

我们看待事物处理问题一般是这样的。

首先看到的是事物外部的广度，考虑深一些的要加上深度、高度，再深一些需要了解其边界、限度，要求再高些还要加上态度，最后好像还有社会大众的良心拷问度。

换个角度。弱小的时候我们只用考虑生存，成长的时候需要加上长久，壮大的时候需要再加上安全，成熟的时候还要加上温度，庞大的时候还必须顾及社会的看法。而且很多时候这些要求不是逐步产生，而是同时发生。

再换个角度。以前大家是一门心思促发展；接着出现了些问题，需要可持续发展；慢慢地又衍生了其他各种各样的问题，这时一定需要高质量发展。仅讲发展是一维的，可持续发展是二维的，而高质量发展则是五维的：创新、协调、绿色、开放、共享。

复杂，很复杂，越来越复杂。

很多时候我们会想，可以不那么复杂吗？可以简单些吗？可以倒退回去吗？

现实的回答很残酷，很难，几乎不能。因为不进步就会被淘汰，除非永远甘于落后、甘于挨打受气。

02

思维认知是多样性的。千人千面，万人万思。求同存异很难，统一思想更难。

思维还是动态变化的。昨天、今天、明天的想法可能都不一样。但随着事物的发展、问题的复杂、社会的进步，思维水平可以停滞不前吗？还是不能，除非大家陪着你一起“躺平”。

如果思维认知提升不上去，不能理解大千世界的复杂状态、复杂维度、复杂问题，我们不但会迷惑、混乱、自以为是、故步自封，还会盲目、走形、做样子、摆架子，更可能会对抗、崩溃，最终很可能会导致毁灭。

因此我们的思维是复杂的、多样性的、动态变化的，自由发展、自生自灭、变化多端。

但有没有一丝规律可循？

不可否认，任何事物都有其规律，规律的背后是逻辑，而不是其他。从逻辑入手解构思维应该有迹可循。

那是否可以通过逻辑的探索来追寻认知思维的轨迹？

03

这条路是可行的。

先看一个场景，某个企业或组织发展壮大过程中，会发现：

（1）表面上看是搭建一个平台，大家一起喝酒吃肉、发财分利、共享富贵。

（2）内在地看实际上是要打造一个能自我认同、自成一体、自我循环、自我发展的可持续生态系统。

（3）往深里看，组织要接受法律、法规、市场、社会等各种规矩的是非逻辑制约。

（4）再往深里看，一定有人文、习俗、伦理、历史、文化、地域、民族、家国情怀等等显性暗性善恶逻辑的约束。

（5）最后再想想，一定还会有良心良知、能否知行合一的来自方方面面的行为指导逻辑的灵魂拷问。

实际上，很多场合我们都会面临着这种层层递进、逐级提升的逻辑中的逻辑。

五层逻辑是底层逻辑的规则

01

做事需要逻辑，思考需要逻辑，行动更需要逻辑，我们离不开逻辑。没有逻辑一定混乱无序。

逻辑一词本身为舶来品，我们看下百度上对逻辑的解释。

逻辑，源自古典希腊语（logoc），最初的意思是“词语”或“言语”（引申出意思“思维”或“推理”），1902年严复译《穆勒名学》，将其意译为“名学”，音译为“逻辑”；因为该词是由日制汉语“论理”一词分拆而来，所以日语还把它译为“论理学”。

逻辑就是思维的规律规则，就是事情的因果规律。逻辑学就是关于思维规律的学说。从狭义来讲，逻辑就是指形式逻辑或抽象逻辑，是指人的抽象思维的逻辑；广义来讲，逻辑还包括具象逻辑，即人的整体思维的逻辑。

其实，我们更可以把逻辑看成是中国传统文化中的“道”。

万物皆有道，天有道，地有道，人亦有道。

道的展开，某种程度上来说，就是逻辑。

02

有人可能会说，我不需要逻辑。只要凭经验、凭感觉，能挣钱就行。是这样吗？

经验的产生本就是思维进入主动觉察周期的体现，大多是事物外部表观逻辑的产物。

感觉属于感性思维，是被动行为，属于较低端的认知层级，仅凭感觉行事很难应对事物的复杂状态，很容易被高层级思维所利用。

能挣钱更需要逻辑，因为凭什么是你而不是别人？随着挣钱难度的加深，反而愈加需要高层级思维认知的指导。

03

现代社会已经发展出了人类历史上前所未见的物质文明。但发展的同时也伴随着众多问题的出现，事物发展趋向愈加复杂。

复杂局面下，如果不能进行正确的认知，很可能会产生大量的身心疾病，进而可能会导致个人、团队、周边环境乃至整个社会的崩塌。

如何应对复杂？

需要我们掌握“复杂”的规律，了解“复杂”背后的逻辑，明晰“复杂”之“道”。

04

这些规律、逻辑、“道”是什么？

我们发现可以分为五个递进的逻辑层级：外部表观逻辑、内部基本逻辑、是非逻辑、善恶逻辑、行动指导逻辑。

1.外部表观逻辑

首先我们看到的是事物的外部表象，也是事物本体呈现的状态。包括大小、方圆、长短、高矮、宽窄、明暗、美丑、多少、软硬，包括形状、线条、色彩、肌理、声音、光线、味道等等。

这时需要解决“是什么”。需要主动觉察，包括数字化的定量，也包括非数字化的定性。

外部表观逻辑是事物本体外在呈现的逻辑。

2.内部基本逻辑

随着事物的发展，我们发现这些表观呈现可能是虚假、粉饰、扭曲的，甚至可能是篡改、设陷、欺骗的表现。因此仅靠外部表观逻辑是远远不足的，我们需要了解事物的内部状况，需要了解事物内外在各要素的转换变化。

事物本体内部所存在及产生的各种因素，是事物外部呈现的原因。包括其内部的结构、组织、主次、成员、起因、过程、变化，还有其内部的各对立面、主要矛盾、次要矛盾、历史演化、权利分配等等。

这时需要解决“为什么”。

对于事物的这种内部评估，需要理解能力、钻研精神、探究精神，需要群众路线、实事求是，需要调研、访谈、分析、归纳，更需要科学及技术。

内部基本逻辑是事物本体存在的基本运行逻辑。

3.是非逻辑

随着事物进一步发展，我们发现事物本体在和各种体系交互运动时必须遵从各种规矩。内部基本逻辑背后还有逻辑。

这时需要解决“不是什么”。

由于各种关系的交互性、多样性乃至冲突性，能够做出是非对错判断一定需要更高层级的思维能力。我们必须能够辨析理解出事物其中的各种权利、义务、责任。一般体现为法律逻辑，除此之外，还应包括商业逻辑、经济逻辑、市场逻辑、政治逻辑、军事逻辑、国家逻辑等等。众多的是非逻辑才能共同组成清晰完整的是非逻辑观。

是非逻辑是事物内部基本逻辑的约束逻辑。

4.善恶逻辑

明辨是非对错就够了吗？不犯法就可以为所欲为了吗？远没那么

简单，表面的是非对错后面还有人文、习俗、伦理、历史、文化、地域、民族、宗教、家国情怀等的约束，还有善恶的制约。

但明了善恶很复杂。“是非”是二元概念，非对即错，非错即对。而善恶概念却远非如此，大善、小善、伪善、明恶实善、明善实恶、伪恶、小恶、大恶，善与恶之间是连续变量，是二者间的连续变化认知概念。

这时需要解决“该是什么”。

了知善恶，建立正确的善恶观需要能够融合内部基本逻辑及是非逻辑，需要大量的学习、修炼，需要高度的融合能力。

善恶逻辑是事物内部基本逻辑及是非逻辑的约束逻辑。

5.行为指导逻辑

思维同行动之间还存在一个非常重要的指导逻辑，即知行是否统一。实际上，知与行本应为一体。但真实情况却是中间还存在9个状态：不知不行，不知而错行，不知而正行；错知不行，错知错行，错知正行；正知而不行，正知而错行，正知正行。9选其1，正知正行概率仅为11%。

若再考虑知行之间还存在言的中间状态，即从不知不言不行到错知错言错行再到正知正言正行，则共有27个状态，27选1，正知正言正行概率仅为3.7%。做到知行合一很难。

这时需要解决“做什么”。

如果没有一个正确的行为观，可以很成功，但一定难长久。因为一定会受到来自社会大众的良知拷问及历史的检验。

不过正确的行为观就更加难以构建了，因为不建立在前四层外部、内部、是非、善恶基础上的认知很可能是错误、不完整的。只有建立在前四层逻辑的正确认识上，认真建构出致良知的知行合一的行动逻辑体系，才能正确展开各种行动。

行为指导逻辑是对前四层逻辑全面融会贯通的输出逻辑。

05

五层逻辑法有很多用途。

事物的外部表观逻辑及其内部基本逻辑决定了事物的本体，事物的是非逻辑决定了其发展的下限，而事物的善恶逻辑、行动指导逻辑则决定了其发展的上限。这种带有边界感的上下限认知，可以很恰当地指导我们在管理、权利、组织、系统等复杂结构中的应用。

五层逻辑是一个整体，要达成内在实质性统一，不能单用、单讲、单算某层或几层逻辑。这种递进关系非常有益于我们对于事物深层次根源的理解。

五层逻辑各层级之间需要有过程逻辑，不能跳跃、不能想当然、不能故意混淆。层级之间需要层层递进、清晰明了、节点清晰、可以校验。通过这种理解应用，可以识别出恶意，可以防范思维欺骗，最终可以提升我们的思维认知水平。

因此，五层逻辑认知可以非常有用。

我们行为的逻辑

01

思维要有逻辑，那行为呢？

行为要有行为指导逻辑，而且是自己能完整认知的，不能依赖外部。

这个逻辑是建立在外部表观逻辑、内部基础逻辑、是非逻辑、善恶逻辑等四层认知思维逻辑下的输出逻辑。

那应该输出什么样的行为呢？

我们先觉察到事物的外部表观，接着理解了事物的内部基础，再接着获得了建立在是非对错认知基础上的智慧，再下来则面临着善恶逻辑的选择蜕变。

02

向善而生，向恶而亡。

这是因为恶逻辑本身即是建立在伤害、对抗、消极、回避、嫉妒、仇恨、毁灭、暴力等负面能量基础之上的认知思维。而这些负能量的极致表现一定会导致毁灭，导致重头来过。

善逻辑则是相反，一定是建立在善良、开放、包容、谅解、宽容、吸收、格局、胸怀、共情、同理、耐心等正面能量之上的认知思维。这些正能量最终一定会导致蜕变提升，为最终质变突破打下基础。

自然，奉行善逻辑更难，我们会更容易不知不觉间、有时部分局部地滑入恶逻辑。

03

我们需要良知，需要致良知。

《大学》中提倡格物致知、诚意正心、修身齐家、治国平天下，反之则是物格知致、意诚心正、身修家齐、国治天下平。其核心基础在于格物致知，王阳明晚年继续归结为“致良知”。这三个字乃是其思想最高纲领。并归结为四句宗旨：“无善无恶是心之体，有善有恶是意之动，知善知恶是良知，为善去恶是格物”。

良知是善恶逻辑的核心要点。而致良知则是善恶蜕变的关键步骤，是整个底层逻辑的核心钥匙，更是贯穿全部层级逻辑体系的指导纲领。

致良知是中国明代王守仁的心学主旨。语出《孟子·尽心上》。孟子曰："人之所不学而能者，其良能也；所不虑而知者，其良知也。孩提之童，无不知爱其亲者；及其长也，无不知敬其兄也。亲亲，仁也；敬长，义也。无他，达之天下也。"

《大学》有"致知在格物"语。王守仁认为，"致知"就是致吾心内在的良知。这里所说的"良知"，既是道德意识，也指最高本体。良知人人具有，个个自足，是一种不假外力的内在力量。

"致良知"就是将良知推广扩充到事事物物。"致"本身即是兼知兼行的过程，因而也就是自觉之知与推至知行合一的过程，"致良知"也就是知行合一。"良知"是"知是知非"的"知"，"致"是在事上磨炼，见诸客观实际。"致良知"即是在实际行动中实现良知，知行合一。"致良知"是王守仁心学的本体论与修养论直接统一的表现。

良知与底层逻辑无疑具有相当密切且重大的关系。

04

有了良知，能否知行合一也是行为指导逻辑的重要体现。

如前文所述，知与行之间本为一体，但中间却存在9个状态，正知正行概率为11%，正知正言正行概率3.7%。

如果再继续考虑外部表观、内部基础、是非、善恶等前四层认知逻辑，每个逻辑简单分无认知、对认知、错认知3个状态，则存在2187个选择。

因此，能达到可以输出的知行合一的正知正言正行的概率则为0.045%，万中不足5，难度非常之高。

尽管如此，我们必须如此选择，否则永远在抉择蜕变之间波动、震荡、沉浮。

起码不能总是低水平重复。在同一阴沟里反复翻船吧。但是如果有意选择了知而不行，有正知却无正言正行，有正知正言却无正行，故意诱导、隐瞒、欺诈，那一定是恶劣的欺骗行为，一定是最大的恶。

在正常的人类社会活动中，如商业、经济、人际交往、团队合作等等，这种选择一定是不被原谅的。

知的水准越高，知行不合一的后果就越严重、社会危害性就越大，所谓的骗子级别就越高。这种情况下普通老百姓选择宁要真小人，也不要伪君子，则纯粹是一种无奈的选择。

当然不知不行也不是正确选择，因为一旦导致了错行、产生了恶果，其后果也只能是自己承担，无法避免。

因此建立在良知基础上的知行合一绝对是唯一正确的选择。

反方向选择知行不合一则是最大的欺骗，迟早会被社会唾弃，甚至很大可能要付出巨大的人身、精神、经济代价。

05

行为指导逻辑是对外部表观、内部基础、是非、善恶等四层逻辑的更高级的融合、贯通。

只有建立在前四层逻辑的正确认识上，认真谨慎、心存敬畏，继续建构出致良知的知行合一行为逻辑体系，才能够做到：去恶扬善、坚守底线、合法合规、实事求是、因势利导、创新创造。

因此，只有建立在正确认知模式上的行为逻辑，才能够正确地展开行动。有了正确的战略思想，才能正确地制定战略，才能制定正确的战术，最后才是正确的行动实施。

亦即，谋定而后动。

高高举起，轻轻放下。

从群众中来到群众中去。

东方与西方的五层逻辑比较探讨

01

东方西方，差异不小。

由于地理上的分隔，古代东方同西方交流非常不方便，因此其后出现了不同的发展演化方式，社会结构、文化生活、法律伦理、风俗习惯亦均呈现着差异性。

这种差异化的存在，无法回避。

现代社会基本是西方文明发展的产物，是现代文明的最重要组成部分，也更多地体现着西方思维。

但随着现代科技的高速发展，社会基础的变化更替，很多原有社会体系均逐渐呈现出一些问题。

尽管当今世界在现代西方科技的引领下，越来越向表面的扁平化、统一化、信息化、数字化、网络化、虚拟化发展，但其背后的差异性却根深蒂固，反而越是在表面的同一性下暗藏着更大的差异性。

这些差异是什么？根源是什么？

西方思维就一定强于东方？东方思维就一定不合时宜？二者就一定要冲突？一定二元对立？

02

我们试着按五层逻辑体系进行一些对比探讨，以求发现端倪。

1.外部表观逻辑

西方传统思维：局部探究，从细节到整体，具体，形而下，重视冲突斗争，一神论。

东方传统思维：整体探究，从全面到局部，粗略，形而上，重视和谐均衡，多神或无神论。

2.内部基本逻辑

西方传统思维：重逻辑思维，精确，因果推理，抽象与概括，分析与综合，比较与类推，归纳与演绎，创新与探索。

东方传统思维：不重视逻辑思维（无逻辑概念），大概模糊，天人合一，跳跃类比，感觉体会，感悟与顿悟，以古为尊。

3.是非逻辑

西方传统思维：重是非，逐步建构清晰的法律逻辑、商业逻辑、市场逻辑、经济逻辑、政治逻辑、军事逻辑、国家逻辑，并形成系统的条目、学科、理论。

东方传统思维：不清晰的是非观，天人合一宇宙逻辑，阴阳五行天干地支时空模拟逻辑，《易经》的整体及变化逻辑，系统平衡的政治逻辑、社会逻辑、医学逻辑，未形成系统的现代学科及理论。

4.善恶逻辑

西方传统思维：以传统《旧约》《新约》为核心的简单朴实、形而下逻辑。

东方传统思维：成体系，完整的宗教、伦理、人文、社会哲学逻辑，形而上，以《易经》为首的四书五经儒家思想，以《道德经》为首的道家思想，以《金刚经》《心经》及众多佛经为首的佛家思想。

5.行为指导逻辑

西方传统思维：以宗教为核心的简单直接朴实逻辑。

东方传统思维：完善复杂系统思维，产生了集大成的致良知的知行合一儒家思想逻辑，以及性空缘起缘起性空的佛家思想逻辑。

03

通过上述对比分析，我们发现：

西方传统思维在外部表观逻辑、内部基本逻辑、是非逻辑等三个层次上逻辑清晰、层层递进、系统完善，但善恶逻辑及行为指导逻辑较为简单。

东方传统思维在内部基本逻辑、是非逻辑两个层级上基本流于形式，更连逻辑一词也为舶来品，在更深层级的善恶逻辑及行为指导逻辑上实现了突破，但很多时候用善恶伦理逻辑直接取代了是非及内部基本逻辑。

认知思维逻辑上的差异正是东方思维同西方思维的本质差异。

西方思维讲逻辑，讲科学，讲法治；东方思维讲人情，讲善恶，讲良知。

而这种差异导致了不同的发展结果。

以西方思维为基础建立的西方文明，由于其对于事物的外部表观逻辑、内部基本逻辑及是非逻辑的清晰性、科学性的认知，导致现代科学、现代技术、现代社会的产生，体现为西方文明在现代社会中的成功及主导地位。

东方传统思维的核心在于先秦诸子百家及古印度先贤们建构的哲学思维基础，本身具备高度的思辨性及哲理性，但很可能这种高度性反而产生了压制，导致后来者更多的精力投入到高层级的善恶逻辑及行为指导逻辑的研究上。

尽管也涉及了内部基本逻辑及是非逻辑，尤其是《易经》中的六十四卦时空模拟系统及三易五要素思维模式，但由于种种历史原因及人为原因，导致内部基本及是非这两层逻辑的研究未能深入开展。而且由于这种逻辑上的跳跃、混乱、不科学，进而走向了完全不同于西方社会发展的路途，体现为东方文明在现代社会中的衰落。

04

随着世界继续复杂性地演化，西方思维中善恶逻辑及行为指导逻辑的简单化处理及不完善性，逐渐导致现代文明走向困局，难于应对各种文明间的差异乃至冲突。未来如何发展难以预测。

以东方传统思维为基础建立的东方文明，其对于事物的内部基本逻辑及是非逻辑的不完整、不清晰、不精确的认知处理，导致了东方文明在近代社会中的落后。而东方传统思维中难以回避的逻辑缺陷，也导致无法仅凭传统文化获得突破提升。

因此，随着现代社会的发展，一方面我们必须严格遵循西方思维中外部表观逻辑、内部基本逻辑、是非逻辑的层级递进规律，补齐短板、科学思考、消除痼疾。另一方面，必须在前三层逻辑基础上继续吸收、嫁接、融合东方传统思维中深层次的善恶逻辑观及以致良知为核心的知行合一行为指导逻辑观，做到五层逻辑的完整性，实现最终的社会和谐。

05

对于东方传统思维，当今存在两种反差巨大的认知：一种是可以忽略不计，视为旁门左道；另一种是盲目自大，抱残守缺。这些认识都是片面不正确的。

理性思维逻辑具有五层次性。东方、西方思维应该本是一体，互相依存。但由于各自历史原因导致的不完整，以至于出现了结果呈现的差异，而这种差异并不一定是无法消除的，也一定不是对立、矛盾、不可调和的。文明的冲突只是表象。

人类社会需要进步，要成为一个包容、理解、友善的世界，思维的理解、融合、完善、提升一定是最重要的一步。

国企与民企的五层逻辑比较探讨

01

国企、民企都很重要，缺一不可，如同手心与手背。

国家的政策是：两个毫不动摇，三个没有变。

毫不动摇巩固和发展公有制经济，毫不动摇鼓励、支持、引导非公有制经济发展，保证各种所有制经济依法平等使用生产要素、公平参与市场竞争、同等受到法律保护。

公有制为主体、多种所有制经济共同发展的基本经济制度，是中国特色社会主义制度的重要组成部分，也是完善社会主义市场经济体制的必然要求。

非公有制经济在我国经济社会发展中的地位和作用没有变，毫不动摇鼓励、支持、引导非公有制经济发展的方针政策没有变，致力于为非公有制经济发展营造良好环境和提供更多机会的方针政策没有变。

02

随着经济发展，国企、民企都面临着各自的深层次问题。

把二者放在一起，通过底层逻辑的比较，可以进行一些有益的探索。

这些逻辑是什么？

1.外部表观逻辑

国企：为市场主体，为客户服务，独立运营；产权全部或大部分归属国家，接受国资委及各级政府领导管辖。

民企：为市场主体，为客户服务，独立运营；产权全部或大部分归属个人，由实际控制人实质管理。

该层区别在于产权归属国家还是个人。

2.内部基本逻辑

国企：无严酷生存压力，导致适中利益导向；建有完善的内部现代企业管理体系；建立有党委会、董事会、监事会、股东会管理机制；由于产权归属国有而非个人，因此缺乏能一直全身心投入的具体实际控制人；免责的过程逻辑更重于利益的结果导向逻辑；强风险控制。

民企：残酷的生存需要，导致强利益导向；根据实际发展需要，建立适合的内部企业管理体系；表面建有董事会、监事会、股东会管理机制，但一般由于实际控制人的实质强势（源于实控人的全心全力全时投入），“三会”制度流于形式化的可能性很大；不重过程的强结果导向逻辑；纠结摇摆中的风险控制体系。

该层的实质区别在于实际控制人的有无，以及由此产生的责任感及投入力度的巨大差异。

3.是非逻辑

国企：受法律逻辑制约；另受其他多逻辑体系约束：商业逻辑、市场逻辑、政治逻辑、国家逻辑、社会逻辑；多因素是非观。

民企：受法律逻辑制约；绝对遵从商业逻辑、市场逻辑，绝对的利益导向逻辑，更偏向于丛林法则；简单是非观。

该层的实质区别在于多因素逻辑与简单因素逻辑的区别。

4.善恶逻辑

国企：受国家、人民意志约束，必须奉行善逻辑；必须承担社会责任。

民企：受个人品行、社会道德影响，可以选择善逻辑，可以选择恶逻辑，也可以奉行表面为善内在为恶的欺骗逻辑；可以不顾及社会责任。

该层的实质区别在于国企必须奉行善逻辑，而民企自行选择。

5.行为指导逻辑

国企：受党规党纪规范，以为人民服务、走群众路线为基本纲领，是奉行以良知为指引的知行合一的行为逻辑，这也是历史的选择并经过人民考验的选择。

民企：自发选择，有可能选择致良知的知行合一行为逻辑，有可能因为不知而不选择，还有可能选择了知行不合一的欺骗行为。

该层的实质区别在于国企必须奉行致良知的知行合一行为指导逻辑，而民企则是需要自行选择。

03

通过上述分析，我们发现：

现代国企的五层逻辑完整而清晰。

但在其内部基本逻辑中，实控人的实质性缺乏，可能会导致企业运营效率的不足。

在是非逻辑中，多重逻辑体系的约束，可能会导致企业的商业及市场行为的部分扭曲。

如果这些内部基本逻辑与是非逻辑问题同时叠加，并难以协调、无法解决的话，则会加大企业的管理难度，导致后续的种种问题产生。

然而，我们更为担心地发现：

现代民企的五层逻辑体系是严重缺失、极不完整的。

在前三层表观逻辑、内部基本逻辑、是非逻辑中，只要不触及法律逻辑（但早期发展中由于法律逻辑的不完善，民企原罪存在的普遍性），民企几乎可以高效顺畅地发展。

因此其表现为，民企在中小企业阶段除了需要考虑生存问题外，几乎可以完全独自埋头发展。

但是，如果民企壮大成为大型企业、公众企业后，必须要面对更深、更高层级的逻辑考验时，这时仅凭实际控制人个人修养及道德约束，而这些如果又同商业利益产生严重冲突时，这时的善恶逻辑及良知行为指导逻辑的缺失将产生极为严重的社会问题。

04

面对国企和民企的这些现实困境，政府部门也做了很多修补尝试。包括外部表现的国退民进、国进民退，以及后来推行的混改，其间也一直在不懈地加大监管力度，不断地完善司法体系，不断地加强风控体系建设，并收到良好的成效，保证了人民经济生活的健康发展、正常运行。

不过，现实情况的确非常复杂。国企尽管五层逻辑完善、约束严格，但仍然还有隐蔽的恶行存在；民企尽管逻辑缺失、不完善，但仍然也能涌现高层次、高格局的善行。

由于思维是指导人类行为的核心因素，因此从认知思维逻辑上规范完善可能是现代企业发展的重要方向。

05

国企需要建立清晰的是非逻辑观。

尽管存在多逻辑体系约束，但一定需要内化、简化，统一为以党规党纪规范的行为逻辑体系指导下的法律逻辑、商业逻辑及市场逻辑。另外，通过激励机制、风控机制、职业经理人的培养机制，尽最大可能弥补国企实际控制人缺失造成的不足。

民企需要建构完整的五层逻辑观。

特别是大型企业、公众企业。一定不能凭实控人的自行认知，来弥补其善恶逻辑及行为逻辑缺失造成的不足。

一定要将缺失的两层深层逻辑内化统一为：以致良知的知行合一行为逻辑体系指导下的法律逻辑、商业逻辑及市场逻辑，并严格接受其约束规范。

因此，新时代需要重新塑造新的商业逻辑、市场逻辑，而这一定是建构在以致良知的知行合一（为人民服务，走群众路线）的行为逻辑体系指导下的法律逻辑、商业逻辑及市场逻辑之下。

逻辑的五层次性是统一、完善、和谐的，不能缺失、不能失衡。

只有这样系统才能均衡、和谐，现代企业才能走得更长久，发展得更良性。

投资与被投资的五层逻辑对比分析

01

以为是，实际上却不是。

这往往是投资方与被投资方的真实关系写照。

如果不掌握或不认识这种认知上的复杂动态差异，投资行为失败的可能性极大。

这些差异是什么？

02

在探寻这些认知差异的蛛丝马迹前，我们需要先明确三个前提。

首先，认知思维逻辑有渐进深入的五层维度：外部表观逻辑、内部基本逻辑、是非逻辑、善恶逻辑、行为指导逻辑。

从“投资方与被投资方”各自的五层逻辑展开对比分析，可以准确地识别出二者间的核心差异点。

其次，对于投资行为来说，投资前各项工作十分重要，但后续的投后工作也同样非常重要。

完整的投资行为一定是顺利投出资金并按预期获得回报。实际工作中，投中及投后环节却往往被忽视。

再次，投后有两种结果，投资成功或是投资失败。

按照投资协议的核心条款为标准进行判断，实现即为成功，反之则为失败，需要注意的是，这个标准一定不能轻易变更。

03

考虑上述三点，我们在投资与被投资五层逻辑关系分析中，将展开投资过程三阶段以及投后两结果的认知差异对比分析。

1.外部表观逻辑

A　投资方

投前环节。投出资金，获取回报：短期或长期，资金或资源，战术性或战略性等。

投中环节。监督被投方开展正常经营活动。

投后环节。投资成功，按约定获取回报；投资失败，依合同约定进行处置。

B　被投资方

投前环节。接受资金，获得发展资源。

投中环节。利用外部资源发展企业。

投后环节。投资成功，坦然或不坦然履行合约；投资失败，倾向寻找各种理由，会认为“非我之过”，并希望对方能继续追加投资。

本环节的核心差异点：

对投后的不同认知理解上。

2.内部基本逻辑

A　投资方

投前环节。以资金换取股权或债权，形式上多种多样、充满变化，但其实质就是投资方希望用资金获得可计量的投资回报。

投中环节。希望除了财务投资外还有其他管控措施，但随着实际工作中问题的层出不穷、难以应对，实际操作中也很难监控到位。

投后环节。投资成功，希望能尽快按合同履约；投资失败，则希望追查责任，更倾向于是被投方的错误导致。

B　被投资方

投前环节。或缺钱，或处于困境，或希望获得更多外部资源，或希望部分套现，希望能分出部分利益以获得整体更大提升。

投中环节。更希望投资方只是财务投资而无其他想法，处于监管与被监管、专业与不专业、权利与被分权的矛盾冲突之中。

投后环节。投资成功，则希望投资方能继续合作、继续发展，而不是快速变现退出；投资失败，则更倾向于认为是投资方的错，希望对方自愿认输，自行担责，不应没事找事。

本环节的核心差异点：

对投资方来说，需要获得合理或超额的投资回报，不希望被损害利益；对被投资方来说，希望利用投资方资源获得整体更大提升，更希望共同发展，而不是短期套利行为。

3.是非逻辑

A　投资方

投前环节。随着法律及监管的完善，双方需要签署复杂详细的正式投资合同，形式上会满足合规性要求。正常情况下，在层层审批及监管要求下，较难出现法律意义上的是非问题。

投中环节。遵照合同行事。

投后环节。严格按合同处理。

B　被投资方

投前环节。同投资方。

投中环节。按合同行事，但除此之外，又往往会多出不少以前未涉及的外部监管及外部规范要求，这些规范要求的资料文件可能呈几何级数猛增，种种意料之外的新情况又层出不穷，很可能导致管理人员疲于应对，最终反应为企业的运营成本大幅上升。

投后环节。投资成功，按合同处理；投资失败，很可能打心眼里认为不是自己的责任，因此很可能倾向于寻找理由、寻求资源违约不执行合同。

本环节的核心差异点：

投资方基本上完全依赖于投资合同的约定，但若对于投中及投后行为的约定不清晰、不完整、不细致、不具有可操作性，一定会导致双方因理解不一致而产生的认知冲突。而这种冲突不能有效化解的话，很大可能将会直接导致投资行为的失败。

4.善恶逻辑

A　投资方

投前、投中、投后全过程环节中，投资行为本无善恶。但由于是付出的一方，往往是前期强势后期弱势，因此投资方更希望对方是善意的，是言而有信的，能够做到信守合同、言行一致。

但因信息不对等，两者实际关系在实质上越往后投资方越体现为表面强势而实质弱势。

B　被投资方

投前、投中、投后全过程环节中，被投方尽量在表面上满足投资方的各项要求。

不过，由于善恶逻辑深层次的难以识别性，表面的善意其实质却可能是恶意的、伪善的、小善的、小恶的、伪恶的，种种思维的复杂性会导致行为的异常复杂性，因此双方关系中越往后越体现为被投资方的表面弱势而实质强势。

往往在涉及利益冲突、生死存亡等重大事项的时候，缺乏强大善恶逻辑认知的一方很可能毫无底线概念、契约精神、守约意识，进而可能会不顾一切。这种认知对于投资方来说将特别重要。

本环节的核心差异点：

投资方为付出的一方。一旦投出资金，将越来越处于弱势，因此迫切需要被投方具备能够严格履行合约的善逻辑认知思维。

而被投资方由于仍然掌握着主导权，因此一旦接受资金后，将越来越处于强势地位，因此如果被投方缺乏善恶逻辑认知，采用欺骗、隐瞒、夸大、扭曲等手段应付投资方，其后果一定是灾难性的。

很多人认为，该点不足可以通过合同约定采用法律手段加以弥补。但事实是，一旦有一方开始做着不打算认真履行合同的准备，那么很大程度上法律手段也很可能不足以对其构成制约。

5.行为指导逻辑

A　投资方

投前环节。本质是利他而后利己的经济行为，不管投资人个人品行如何，投资行为本身无好坏之分。

投中环节。被动管理，居于弱势地位，更希望对方行良知。

投后环节。成功，则大家都好。一旦失败，则由于认知上的差异，会发现对方可能并无行良知的主观意愿。

B　被投资方

投前环节。外部表现肯定为行良知，但内部实质上不可知或根本无此概念及相应认知。

投中环节。以利益为导向，可能并无良知考虑及行为指导。

投后环节。投资成功，按合同行事，自我认知是良知行为；投资失败，倾向于仅为经济纠纷，可能会采用各种无良知无底线的行为方式规避责任。

本环节中的核心差异点：

投资方更希望对方行良知，而被投方在投前环节也一定会尽量展示出这种态度。但到投中及投后环节，这种对被投资方行良知的单项约束会越来越弱，一旦合作不愉快，很可能导致最后无良知无底线的局面发生。

04

通过上述逻辑维度比较，我们可以发现：随着投资阶段的逐步展开，投资方与被投资方的认知逻辑差异会越来越大，除了在投前环节尚处于蜜月期外，投中环节的各层级逻辑均出现了较大差异，而到了投后环节，一旦投资失败，这种差异将可能会截然相反、无法调和。

如何应对？

一方面，需要在投资协议中非常详细、专业、有经验、前瞻性地对投中、投后各环节进行认真约定，不吝于对各种极端情况进行提前预判、探讨并书面列示。只有在前期考虑得越清晰、越细致，后面过程中产生的分歧才能会变得越小。

另一方面，必须清晰地认识到五层逻辑完整的重要性，绝不是只有外部表观逻辑、内部基本逻辑、是非逻辑清晰即可，绝不是只要遵循法律法规、符合商业逻辑即可，因为一旦任何一方（尤其是被投资方）缺乏善恶逻辑及良知行为逻辑认知的话，这些约定都可以等同于废纸一张，并导致各种各样令人瞠目结舌的局面，不可不慎。

05

投资方与被投资方之间的认知逻辑差异很难避免，只能直接面对。

考虑到投资一旦失败，很可能出现本金无归的局面，因此前期付出再多的努力都是值得的。

如何尽量减少损失？

第一，投资失败的可能性有八成，而失败的原因中八成又是决策错误所导致。因此科学决策和防范决策风险是投资行为的重中之重。

第二，投前环节的尽职调查作为投前评估绝对不能敷衍了事，一定得尽量获得被投方的真实认知。

第三，投资过程中的定期状态调查评估也非常有必要，因为及时止损、及时补救也是重要的投资策略。

第四，对于投后环节来说，不管结果好坏，见好就收、严格履约、及时止损都是必不可少的行为选择。而这最重要的工作又是投后评估的正确实施。实际工作中，由于事多繁杂、怕惹麻烦、资料问题、人员变更等，投后评估工作很少有人能够主动积极推进。

第五，很多问题及风险都是过程中产生的，包括认知逻辑的差异及缺陷。很多情况下针对问题及风险的预判则显得非常重要，往往是提前在萌芽阶段的处理是最容易及最可行的，而这都需要评估。

民营企业的五层逻辑分析

01

经营企业的核心目的是利益，起码得能养活自己。在解决客户的问题、满足客户的需求时，让对方愿意付费并能收到费用。

从这点来看，这是个简单游戏。

但不简单的是这个游戏要受到很多因素的约束，如宏观经济、微观经济、行业发展、市场行情、客户情况、监管政策、产业政策、金融政策、政府态度、竞争对手、世界形势、周边环境、管理水平、商业模式、原材料市场、劳工市场、社会舆论、合伙人情况等。

而且随着经济规模的迅猛发展，很多因素的不确定性越来越强，需要考虑的因素越来越多。种种不确定性复杂局面的加剧，导致企业持续经营发展难度也愈加提升。

因此，可以说企业经营一定属于复杂的简单博弈游戏。

02

由于更希望可控，更希望面对确定性，现实中的很多企业经营中更偏向于参与有限封闭框架下的简单的复杂游戏。

一旦如此，往往在精确计算下，可能会获得一时的成功，但往往却很难长久。究其根本原因主要是精于计算只会越来越偏于利己，而只满足于利己的后果往往就是失道寡助、渐失民心。

03

是否可以简化下，找到能在一种基本逻辑指导下的长远之道，粗略算计、有限博弈、和谐共生、求同存异？

很多情况下，事物呈现出的复杂状态实质是其底层逻辑的多样性及混乱性所导致。

用五层逻辑法来梳理下民企的底层逻辑。

1.外部表观逻辑

为市场主体，需满足客户需求、为客户解决问题；独立运营；产权全部或大部归属个人，由实际控制人实质领导管理。

2.内部基本逻辑

残酷的生存需要，导致强利益导向；根据实际发展需要，建立适合的内部企业管理体系；表面建有董事会、监事会、股东会管理机制，但一般由于实际控制人的实质强势（源于实控人的全心全力全时投入），“三会”制度流于形式化的可能性很大；不重过程的强结果导向逻辑；纠结摇摆中的风险控制体系。

3.是非逻辑

受法律逻辑制约；绝对遵从商业逻辑、市场逻辑，绝对的利益导向逻辑，更偏向于丛林法则；简单是非观。

4.善恶逻辑

受个人品行、社会道德影响，可以选择善逻辑，可以选择恶逻辑，也可以奉行表面为善、内在为恶的欺骗逻辑；可以不顾及社会责任。

5.行为指导逻辑

自发选择，有可能选择致良知的知行合一行为逻辑，有可能因为不知而不选择，还有可能选择了知行不合一。

04

通过上述分析，我们发现：

现代民企的五层逻辑体系可能是缺失、不完整的。

在前三层外部表观逻辑、内部基本逻辑、是非逻辑中，只要不触及法律逻辑，民企几乎可以高效顺畅地发展。

因此其表现为，民企在中小企业阶段除了需要考虑生存问题外，几乎可以完全独自埋头发展，属于不太复杂的简单游戏。

但是，如果民企壮大成为大型企业、公众企业后，必须要面对更深、更高层级的逻辑考验时，游戏变成了极度复杂的简单游戏。

这时如果还仅凭决策者的个人修养及道德约束，而这些如果又同商业利益产生严重冲突时，这时的善恶逻辑及良知行为指导逻辑的缺失将产生极为严重的社会问题。

05

在复杂的简单游戏情境下，如果逻辑不清晰、不完整、有缺失，在面对众多约束条件下的不确定性时，很容易迷失，进而走偏。

其结果很可能就是企业在不知不觉之中滑入了深渊，面临更加复杂而未知的不确定性考验。

因此民企需要建构完整的五层逻辑观，特别是大型企业、公众企业。一定不能凭管理人员的自行认知，来弥补其善恶逻辑及行为逻辑缺失造成的不足。

应该将缺失的两层逻辑内化统一为：以致良知的知行合一行为逻辑指导下的法律逻辑、商业逻辑、市场逻辑以及企业规矩，并严格接受其约束规范。

五层逻辑的五层次性是统一、完善、和谐的，不能缺失、不能失衡，只有这样系统才能均衡、和谐，复杂局面下企业才能走得更长久，发展得更良性。

用良知来应对复杂，可以试下。

民企与职业经理人的五层逻辑对比分析

01

企业问题很多。

职业经理人问题同样也不少。

现代企业由于其系统管理的复杂性，已经离不开职业经理人这个群体。

我们来看下职业经理人的描述：

职业经理人，是指在一个企业中负责企业经营管理，拥有经营权和管理权的职业，是由企业聘任的职业化企业经营管理专家。

一般认为，将经营管理工作作为长期职业，具备一定职业素质和职业能力，并掌握企业经营权的群体就是职业经理人。宽泛来讲，职业经理人横向看是分类的，财会、生产管理、技术；纵向看也是分层次的，企业需要各种层次的职业经理人。

职业经理人起源于美国。1841年，因为两列客车相撞，美国人意识到铁路企业的业主没有能力管理好这种现代企业，应该选择有管理才能的人来担任企业的管理者，世界上第一个经理人就这样诞生了。

在中国企业发展史上，随着中国企业的强大，职业经理人队伍也一直处于快速增长之中。

简单地说，职业经理人是凭能力凭业绩吃饭的人，是专门从事企业高层管理的中坚人才，是企业中职业化的高层经营管理人员。

不过，由于我国推行市场经济的时间较短、起步较晚，市场化本身也并非十分完善，因而职业经理人作为市场化的一个重要组成环节也存在很多盲区、灰区、模糊区。

02

问题在哪儿？

很多情况下，事物呈现出的复杂状态实质是其底层逻辑的多样性及混乱性所导致。

用五层逻辑法来梳理下民企与职业经理人的底层逻辑。

1.外部表观逻辑

A　民企

为市场主体，需满足客户需求、为客户解决问题；独立运营；产权全部或大部归属个人，由实际控制人实质领导管理。

B　职业经理人

有企业需要的各种专业能力，能解决各种专业问题；有企业需要的一些专业特长，能负责专业方面的管理；有较为全面综合的能力，能负责较为全面的管理协调。

2.内部基本逻辑

A　民企

残酷的生存需要，导致强利益导向；根据实际发展需要，建立适合的内部企业管理体系；表面建有董事会、监事会、股东会管理机制，但一般由于实际控制人的实质强势（源于实控人的全心全力全时投入），“三会”制度流于形式化的可能性很大；不重过程的强结果导向逻辑；纠结摇摆中的风险控制体系。

B　职业经理人

与企业是授权和被授权，委托与被委托，雇佣和被雇佣的关系；由于精力问题、专业问题，来自企业家的需要；由于相关人才的缺乏，来自企业的需要；由于高级管理人员的管理需要，来自高管的需要；为委托人、授权人、雇佣者服务，形成契约关系。

以个人、企业、商业利益为导向；基于流程的重要性，对结果有重要影响；基于分配机制的限制，对成果的分配缺乏或不足，因此对结果的责任承担也缺乏或难以追究。

3.是非逻辑

A　民企

受法律逻辑制约；绝对遵从商业逻辑、市场逻辑，绝对的利益导向逻辑，更偏向于丛林法则；简单是非观。

B　职业经理人

由于具备专业性，普遍法律意识较强，相对而言普遍是非概念较为清晰；无利益前提下，有官僚化倾向；有利益前提下，在规则许可下，有寻求利益最大化倾向；合理利用规则，是非逻辑较为清晰。

4.善恶逻辑

A　民企

受企业家个人品行、社会道德影响，可以选择善逻辑，可以选择恶逻辑，也可以奉行表面为善内在为恶的欺骗逻辑；可以不顾及社会责任。

B　职业经理人

在满足是非逻辑前提下，受个人品行、社会道德影响，可以选择善逻辑，可以选择恶逻辑，也可以奉行表面为善内在为恶的欺骗逻辑；可以不顾及社会责任以及道德约束。

5.行为指导逻辑

A　民企

自发选择，有可能选择致良知的知行合一行为逻辑，有可能因为不知而不选择，还有可能选择了知行不合一。

B　职业经理人

自发选择，有可能选择致良知的知行合一行为逻辑，有可能因为不知而不选择，还有可能选择了知行不合一。

03

通过上述分析，我们发现：

现代民企的五层逻辑体系有可能是缺失、不完整的。

在前三层表观逻辑、内部基本逻辑、是非逻辑中，只要不触及法律逻辑，民企几乎可以高效顺畅地发展。

因此其表现为，民企在中小企业阶段除了需要考虑生存问题外，几乎可以完全独自埋头发展，属于不太复杂的简单游戏。

但是，如果民企壮大成为大型企业、公众企业后，必须要面对更深、更高层级的逻辑考验时，游戏变成了极度复杂的简单游戏。

这时如果还仅凭决策者的个人修养及道德约束，而这些如果又同商业利益、社会效益产生严重冲突时，这时的善恶逻辑及良知行为指导逻辑的缺失将产生极为严重的社会问题。

职业经理人的五层逻辑体系也可能是缺失、不完整的。

在前三层表观逻辑、内部基本逻辑、是非逻辑中，只要在法律逻辑及其衍生规则框架覆盖下，职业经理人可以获得信任并任其充分发展。

但是，在个人利益同企业利益、社会利益、国家利益产生冲突时，善恶逻辑及良知行为指导逻辑的缺失也将产生严重的后果。

大量案例可以证明，一个存在认知逻辑缺陷的职业经理人，由于其个人修养、道德品行的不足，最终一定会成为企业发展壮大后的绊脚石或是毒药。

尤其是企业越大，这种后两层逻辑的重要性将越来越超过前三层逻辑。换句话来说，也就是企业越大责任越大，因而关键人员的人品也更为重要，而且这种重要性一定在能力之上。

一旦行为人逻辑不清晰、不完整，在面对众多复杂条件下的考验诱惑时，很容易迷失，进而走偏。其结果很可能就是连带着负责的板块、业务、部门、团队在不知不觉之中滑入了深渊。

04

解决方式：

企业需要构建完整的五层逻辑观。特别是大型企业、公众企业，一定不能凭管理人员的自行认知，来弥补其善恶逻辑及行为逻辑缺失造成的不足。

一定要将缺失的两层深层逻辑内化统一为：以致良知的知行合一行为逻辑体系指导下的法律逻辑、商业逻辑及市场逻辑，并严格接受其约束规范。

职业经理人也需要构建完整的五层逻辑观。

由于逻辑体系上的潜在缺陷，因此必须在职业经理人的制度及体系建设上，高度重视善恶逻辑及良知行为逻辑的重要性、完整性、必须性。

在选聘考核体系建立时、在相关法律制度制定时、在相关行业市场道德约束规则明确时，以及在相关责任赔偿制度完善时，必须将善恶逻辑及良知行为逻辑进行嵌入、融合、渗透，进而开展相关的培养、考核、考验、追查工作。

只有这样，职业经理人才能被信任并委以重任，而不是成为双刃剑。

05

在企业经营这种复杂博弈游戏情境下，如果逻辑不清晰、不完整，在面对众多约束条件下的不确定性时，很容易迷失，进而走偏。特别是对于民营企业及其职业经理人群体来说。否则，其结果很可能就是企业在不知不觉之中滑入了深渊，面临更加复杂而未知的不确定性考验。

逻辑的五层次性是统一、完善、和谐的，不能缺失、不能失衡，只有这样系统才能均衡、和谐。

思维清晰了，复杂局面下的企业才能走得更长久，发展得更良性。

从电影《满江红》剧情谈反转的五层逻辑

01

很多情况下，事情会发生反转。

现实生活中，单个事件的反转可能会少一些、慢一些，一次、两次、三次反转也就差不多了。但如果整体拉长，从整个事件、整个系统、完整人生的角度来看，可能就没那么简单。

没办法，不变是暂时的，变易则是永恒的，反转一定藏在变化之中。如果缺乏认知及思想准备，很可能会猝不及防，造成损失。

02

艺术创作中，特别是电影、电视剧、剧本杀、小品等浓缩的虚拟世界中，这种多次、快速反转无论是剧情需要还是商业需要都是绝对必需的，否则一方面过于平淡不吸引观众，商业价值不高，另一方面也可能同实际生活不太符合。

由于艺术作品来源于生活又高于生活，所以艺术作品的反转现象也一定是基于现实生活的提炼、总结、拔高。因此艺术作品同实际生活的背后逻辑也应该是一致的。

当然不一致或无逻辑、乱逻辑的情况也很常见。但如果没有真正的逻辑支撑，那基本上这个事物也是无生命力的。

03

这种逻辑是什么？也就是说为什么要反转？又如何反转？

这些问题如果探讨清楚，一定会对个人生活、组织管理、作品创作、行动策划带来益处。

电影《满江红》多次且快速的剧情反转可以称得上是经典了。

在对话该剧编剧陈宇时，他表示《满江红》剧本创作中最难的并非让观众叫绝的层层反转，而是这些反转不能在同一维度上翻过来翻过去，一定要有维度的升级，是更高级的维度级反转。

真正难的地方是怎么从小格局上升到家国情怀，是如何把小人物的热血上升到中国人上千年的情感基因、文化基因，而且是通过情节来自然推进。

04

如何做到？

如何进行层层反转，如何层层提升拔高，又是哪些高级维度？结合逻辑进行分析就一目了然了。

（1）表面上看，金国使者被杀，密信被窃，是宋朝主战派希望以此来阻止以秦桧为首的主和派行动所精心策划的刺杀事件。

此之为第一层的外部表观逻辑。

（2）剧情展开，错了。这次事件不是大人物们的阴谋，而是小人物们（更夫、车夫、效用兵、妓女等）用自己的生命来实现自己目标的刺杀事件。

此之为第二层的内部基本逻辑。

（3）接着发展，不仅仅如此。这是岳家军的弟兄们为岳飞元帅报仇，是为着“精忠报国”、为着民族大义的共同理想而策划的事件。

此之为第三层的需要明辨是非的是非逻辑。

（4）再接着发展，没那么简单。这是忠义、责任、感情、亲情、友情把大家聚到一起，从而舍生取义、慷慨赴死、前仆后继的自发自愿行为事件。

此之为第四层的建立在内部基本逻辑及是非逻辑基础之上的需要了知善恶的善恶逻辑。

（5）最后的发展，更进一步。是建立在上述层层递进反转事件之上被各种行为感化触动了的孙统领的蜕变升华，是假秦桧最后的自我认知回归，是全体官兵一起复颂岳飞元帅的《满江红》，整个事件实际上更是一次爱国情怀发掘的行为事件。剧情至此达到最高潮。

此即为第五层的需要融合前四层逻辑基础的“致良知下的知行合一”的行为指导逻辑。

05

可以发现，《满江红》剧情的层层反转，其背后正是逻辑的层层递进升级。

从第一层的外部表观逻辑递进发展为第二层的内部基本逻辑及第三层的是非逻辑，再进一步升级发展为第四层的善恶逻辑，最后则展现为第五层的“致良知”行为指导逻辑。

这个过程就是维度的升级，是更高级的维度级反转。通过这种情节的自然推进及其背后的逻辑维度递进，从而实现了从小格局上升到家国情怀，从小人物的热血上升到中国人上千年的情感基因、文化基因。

可以发现，五层逻辑体系是一个整体，不能跳跃、不能省略、不能无视，可以用于很多场合。包括可以用五层逻辑体系来指导并解释各种情景下的反转现象，并使之成为反转背后的真正主导逻辑。

很多时候，不管有意还是无意，我们其实一直都在遵循着这种逻辑体系。

从普通人“二舅”谈正能量的五层逻辑

01

2022年7月，一条《回村三天，二舅治好了我的精神内耗》普通视频，一度成为全民热搜事件，瞬时火遍全中国。

在负面新闻充斥流量的时代，这种能够引起无数人情感共鸣的正能量事件，其背后的逻辑非常值得认真考量。

但解读方式不同，得出的结论也差之甚远。点赞的、好评的、反思的；质疑作假的，质疑细节的，质疑动机的。不一而足、众说纷纭。

最后也只能是“二舅”悄悄消失，如同池塘中溅起的一点水花。

都很正常，网络事件最后都是这样。轰轰烈烈而来，无声无息而去，时间最终化解一切。

网络时代，各自理解，各自表述，听谁的、信谁的，只能靠自己的判断思考。

02

如果单凭某一视角、某种逻辑、某种心态来解读这些事件，而不是感同身受、客观理智、沉入历史的话，结论绝对会呈现出千奇百怪、不知所云的状态。

表面上看这只是一个简单的正能量故事。二舅只是一个能引起我们心底共鸣的普通人物，但一旦在网络上被解剖、分析、升华、追究，就一定导致各种各样的奇怪解读。

没有对错吗？咱就看个热闹？

既然已经成为社会事件，那就最好用完整的逻辑体系来解读。搞清这些事件背后的是非对错，可能更有利于大家形成正确的认知。

有些事还真必须要较下真。

03

1.外部表观逻辑

二舅学习好，但命运的不幸导致残疾。

面对命运，二舅没有低头，选择了乐观积极的人生态度，成了一名自食其力的木匠、一个乐于助人的好人。

事件真实性判断：基本可以确认真实。

2.内部基本逻辑

历史原因：教育投入不足，医疗投入不足，“三农”投入不足。

现实原因：农村基本保障缺乏，医疗水平较低。

环境原因：生活环境，经济环境，时代环境。

个人原因：性格、认知、心态。

事件目的性判断：比较单纯，正常情绪表达，宣传正能量。

3.是非逻辑

苦难背后的制度建设，历史上有欠缺，但改革开放后在逐步完善。

当年的是非不清晰，但当下在逐步清晰，因此也给予了大家探讨的基础。

二舅本人遵纪守法，勤劳致富、不贪不占，任劳任怨，是非清晰。

事件合规性判断：比较简单，不涉及。

4.善恶逻辑

二舅奉行的绝对是善逻辑，积极、健康、乐观、包容。

这一点无可厚非。

事件可控性判断：可控范围，基本没有被恶意利用，没被恶意操纵。

5.行为逻辑

二舅乐于助人，认真做事，勇于担责，善待每个人。

最值得一提的是，宽容地谅解了造成人生致命一击的医疗事故当事人，这也是真正的升华。

温暖着自己，温暖着他人。

事件行为导向性判断：宣传正能量，能引起深入反思，值得提倡。

04

尽管二舅只是一个普通人，但通过对事件背后的五层逻辑梳理及五性评估，我们发现，其背后的逻辑完整而清晰。

因此很大可能这也是能感动大家并成为社会现象级事件的根本原因。

另一个角度看，可能正是因为有意或无意建立在各层逻辑的正确认识上，二舅才能够做到坚强自立、认真做事，乐观积极、善良包容，勤于助人、善待他人。

二舅事件真正的意义是以良知为主导的行为逻辑的普适性。

当今社会需要这种完整逻辑下的良知行为，无论是个人还是企业。

我们需要完整的逻辑，可能只有这样系统才能均衡、和谐，才能走得更长久，整体的发展才能更良性。

社会需要更多的二舅，更多的二舅精神，更多的来自基层的心灵深处的正能量。

二舅们，值得敬！

虚拟世界的五层逻辑考量

01

虚拟世界，不是现实世界。

可以不去参与。

但随着现代科技的迅猛发展，不得不承认，这个世界已经是现实世界的重要组成部分，不可或缺、充满诱惑、潜力无限。

以前，我们玩传统游戏。包括运动类的集体游戏，消遣类的互动游戏，儿童类的益智游戏，学习类的知识游戏；包括棋类的围棋、象棋、军棋，牌类的麻将牌、扑克牌、塔罗牌等。

后来，我们玩电脑游戏。

再后来，我们玩网络游戏。

现在，我们可以进入虚拟世界。可以在虚拟世界中大显身手、乘风破浪、创造辉煌。

未来，随着ChatGPT这些人工智能的出现、升级、完善，如同大型魔幻表演中冲出舞台的高速过山车，使人们陷于地平线翻转般的眩晕之中，面对这些似乎日益逼近人类水平的智能系统，虚拟世界一定会将各种体验推向极致。

确实想象无限。

02

来看下百度上对于虚拟世界的描述。

虚拟世界，是独立于现实世界，与现实世界有联系的世界。是指运用电脑技术、互联网技术、卫星技术和人类的意识潜能开发或形成的，类似于地球或宇宙的世界。本质上与现实世界没有关联。

目前在互联网上所表现出的“虚拟世界”是以计算机模拟环境为基础，以虚拟的人物化身为载体，用户在其中生活、交流的网络世界。虚拟世界的用户常常被称为“居民”。居民可以选择虚拟的3D模型作为自己的化身，以走、飞、乘坐交通工具等各种手段移动，通过文字、图像、声音、视频等各种媒介交流。我们称这样的网络环境为“虚拟世界”。尽管这个世界是“虚拟”的，因为它来源于计算机的创造和想象，但这个世界又是客观存在的，它在“居民”离开后依然存在，真实的人类虚幻地存在，时间与空间真实地交融，这是虚拟世界的最大特点。

同时，虚拟世界又分为“虚拟的幻想世界”与“虚拟的现实世界”。

物理载体。主要有语言、文字、行为表述、计算机数据、大脑记忆等。

交互性。分为可交互型与非交互型，目前前者常见的有角色扮演游戏的背景世界，后者则通常是以讲述为目的的小说、影视等的背景世界。

动态性。虚拟世界的动态性应从整个世界是否为发展的、这种发展是否为自发的这两个角度划分，而不是以某一个或者某一组参与交互的角色的感知为判断依据。可分为静态、伪动态、动态三种基础分类。“静态”顾名思义指从设定完成后一成不变的虚拟世界。“伪动态”是介于“静态”与“动态”之间的一种情况，其主要特征是，所构建世界本身是静态的，但会定期或不定期由其设计者（或其授权者）人为地通过更新版本的方式使其发生改变，从而以一种离散的方式呈现出动态性，但其本质依然是静态的。“动态”指虚拟世界可以在不需要人为推动的情况下自发地发展，也应是目前虚拟世界发展所追求的方向。

03

是否少了些什么？

且看《新京报》专栏文章《千名专家呼吁，能让ChatGPT研发按下暂停键吗》内容。

在ChatGPT4诞生两周之际，图灵奖得主约书亚·本吉奥、计算机科学家斯图尔特·罗素以及特斯拉创始人马斯克等千余名业界人士则站出来指出，鉴于最近几个月来人工智能领域已陷入一场几近失控的竞赛，巨型AI的研究是时候按下暂停键。

在宇宙学家泰格马克等人创办的未来生命研究所网站上，他们贴出了一封呼吁暂停训练比ChatGPT4更强大的AI系统的公开信。公开信指出，大量研究表明并得到顶级AI实验室的认可，具有人类竞争智能的AI系统可能对社会和人类造成深远的风险。

2017年初，在阿西洛马召开的“有益人工智能”会议上，2000余位业界人士和学者就曾联合签署包括23条倡议的阿西洛马人工智能原则。

其指导思想是，面对超级智能及其对地球生命史可能带来的深刻变化，要构建对人类有益的智能而不是无序的智能，必须在规划和管理上投入与这种超强的创新相对应的资源和关注力，对于人工智能可能造成的灾难性和生存风险，必须付出与其可能造成的影响相称的努力。

自那时以来，尽管世界上相继出台了一百多部人工智能原则和文件，但现在看来，这些原则及其背后的相称性治理的思想并没有得到认真对待。

根据英国《金融时报》的最新报道，尽管生成式和对话式人工智能的兴起，使得人工智能研究与应用的伦理风险日益凸显，微软、亚马逊和谷歌等大型科技公司近来却在裁减人工智能伦理方面的人员，难免加剧人们对相关创新和应用的安全风险的担忧。

虚拟世界是否也要遵循现实世界的完整逻辑？

04

游戏，是人类社会文化发展的重要产物，其实质是对现实世界的简化、提炼、模拟，由于其娱乐性、益智性、体系性，在每个时代每个人的成长发展过程中都起到非常重要的作用，尤其是世界观、认知模式、思维模式的形成。

传统游戏中，经常可以从这些游戏背后追溯出其很深的哲学渊源及历史传承。但现代游戏已经开始脱离传统游戏发展的模式及发展轨迹。

虚拟世界的出现，更是彻底颠覆了传统的认知。无论是其体验性、参与性、娱乐性、广泛性。

虚拟世界已经如一股洪流般冲垮了传统的堤坝，无可阻挡、气势如虹，尤其对年轻一代、新新人类、Z时代人类乃至更低龄的孩子们。这种发展更是呈现出能够几乎颠覆全部旧有体系的发展潜力。

好？坏？福？祸？

一方面，由于其不可阻挡性，不可能限制。另一方面，由于虚拟世界本身对于世界观、认知观、思维模式的深刻塑造性，又自然不能任其野蛮发展。

05

虚拟世界需要遵循现实世界的完整逻辑，因为它们也是现实世界的一部分。

因此，我们需要对现代虚拟世界进行逻辑考量。

1.外部表观逻辑

虚拟世界本质上仍然是一种体验游戏，其外部呈现本质上仍然为现实世界的局部模拟，但又远远超出了传统模拟。

由于技术的不断提升及突破，虚拟世界可以实现传统游戏无法想象的高度还原性、想象性、虚拟性、群体参与性。

其外部表现形式及内容几乎可以无限突破，只要是能够想得到。

可以包括，个人成长、团队成长、感情、冲突、战争、修仙、穿越、科幻、打怪兽。呈现形式上五花八门、千变万化、乐趣无穷。

2.内部基本逻辑

由于是人为建构，因此其内部逻辑也是遵从着虚拟世界开发者的逻辑思想。

可以说，虚拟世界开发者就是虚拟世界底层逻辑的塑造者、规则的制定者、模拟世界的造物主。

目前虚拟世界游戏开发主要遵循的是行为逻辑，进行行为控制。其主流开发理论为PBL。P即点数，通过点数实现成就感；B即徽章，通过徽章实现荣誉感；L即排行榜，通过排行榜实现虚荣感。

这样，在一个成功的虚拟世界场景中，用户可以通过成就感、荣誉感、虚荣感的逐步累积获得娱乐体验。从而可以极大地满足参与者的视听感官享受、虚拟精神享受，而这些又是很难在现实世界中快速、轻松获得。

但另一方面，现实世界中，努力不一定成功，知识不一定改变命运，内卷越来越激烈，不公平永远难以消除，冲突越来越高级、隐蔽，更加难以应付。

这些情况均导致虚拟同现实的巨大反差，并随着差异的逐步扩大，沉溺于虚拟世界的诱惑力就越加强烈。

在这种激烈的内外挤压下，无可置疑的是，通过这些建构，参与者范围越来越广、参与程度越来越深、参与时间越来越长、参与人数越来越多、参与人员也越来越年轻。

口碑一旦形成，可以呈现出滚雪球般的指数级的发展。

这种客户黏性之高，已经远远不是其他行业客户所能望背的。

更严重的是，极端情况下不少参与者将完全生活于虚拟世界之中，一旦成瘾，难以自拔。

3.是非逻辑

由于是商业行为，一定是奉行商业逻辑。而商业逻辑的核心则是利益至上。

能否符合商业利益，就是其真正的是非逻辑标准。这种逻辑下，金钱、感情、美女、权力、暴力乃至于色情、赌博，很大可能会潜伏于各种各样的故事、情节、想象之中。

由于商业逻辑的缺陷性，目前，社会上及开发商也已经越来越重视这种逻辑的修订补充，国家也认识到其重要性，开始逐步渗入。

但由于网络世界发展的迅猛性，很多工作及认知还未开展到位。整个网络的法律监管、法律逻辑还在摸索中，更何况只是其中一部分的虚拟世界游戏场景。

因此，目前的虚拟世界还处于比较混乱的是非逻辑的形成过程中。

4.善恶逻辑

虚拟世界有可能会部分、片面、偶尔地涉及善恶逻辑。

但由于是非逻辑本身的混乱，作为其更深层次的善恶逻辑则更可能呈现出混乱、无序、无知、无畏的状态。

更多的时候由于开发者及参与者的认知缺陷、经验不足、思想混乱，很可能就根本没有意识到善恶逻辑的存在及残酷后果。

5.行为指导逻辑

由于上述两层是非逻辑、善恶逻辑可能的缺失及混乱，以良知为核心的知行合一行为指导逻辑更无从谈起。更何况错知错行、知而不行、知而错行等大量偏差行为的存在。

06

通过上述五层逻辑考量，我们发现：

现代虚拟世界发展的迅猛性、爆发性、广泛性，导致同现实世界相比，其本身远未形成清晰完整的逻辑体系。

因此，虚拟世界需要同现实世界一样，构建出完整的底层逻辑，需要有五层逻辑的规范制约。

一定需要我们对现代虚拟世界进行逻辑校验，形成正确的逻辑体系，再将其融入虚拟世界中进行修订、引导、完善。

07

我们需要创新、需要发展。

一方面，对于创新事物，不能一棒打死，也肯定打不死。另一方面，也一定不能放任自流。尤其是面对广大受众群体的群众性的行为活动。需要我们高瞻远瞩、认清实质、把握时机、善加鼓励、及时引导。

这点历史上也反复进行了证明。

完整认知思维逻辑体系的建构异常重要，尤其涉及下一代、下下一代人的正确的世界观、认知观、思维模式的形成。

因此需要开发者、监管者自身先行建构出完善的正知正见正行的逻辑思维体系，并应以这个逻辑体系指导、建构、修正现代虚拟世界。

我们需要正能量的“洗脑”，不管是虚拟世界还是现实世界。因为这本身就是学习提升，是和谐社会搭建的根基，是关乎每个人幸福生活的最根本法则。

数字化的五层逻辑

01

当今是全面数字化的时代。通过大数据、人工智能、元宇宙、互联网+、物联网+、5G技术、数学建模技术等信息技术的狂飙推动，数字化已经全面渗透到我们生活的方方面面、角角落落，也为我们开启了一个全新的未来智能时代。

毫不客气地说，我们每一个人都必须敞开胸怀、热烈拥抱数字时代的到来。否则，一定被时代淘汰。这是一个不可逆转的过程，也是一个不以人的意志为转移的过程。

02

在数字化的大趋势中，很多地方、很多场合已经开始要求一切以数字说话、唯数字论。貌似这是科学的做法、实事求是的做法、先进且高级的做法。

但值得注意的是，数字化的前提一定是这些数字是真实有效的，是符合逻辑的，并经得起各层级逻辑校验的。否则建立在错误、虚假、扭曲、误导数据基础上的后续动作很可能会掉入数字陷阱，进而会导致反向、夸大、无效、无意义乃至反智、反人类的结果出现。

虚假、扭曲、被控制、被曲解的数字数据已经在不断地给企业、社会、国家造成了巨大的损失。仅仅是被严格监管的上市公司的数据造假都屡禁不止、层出不穷，更遑论其他。

数字的背后复杂啊。

03

有些数字是客观的，比如物理世界的测量所得；有些数字是真实的，比如一手现场调研。但很多情况中人文社会的数字，就没那么简单了，比如财务、商务、管理、金融、经济等。这需要仔细甄别、谨慎对待，时刻需要防范数字陷阱的出现。

因此一定不能仅仅看到数字的表面，必须对其背后的逻辑保持警醒。

对于数字背后的逻辑，我们可以利用渐进升级的五层逻辑体系工具进行校验，确保数字的可用性及可靠性。

1.外部表观逻辑

为数字表面所呈现的本身。需要核实的是：获取渠道、获得方式，一手还是转手，随机还是有意，是否真实，适用范围，出现场合等。

2.内部基本逻辑

为数字背后产生的内部原因。需要考虑的是：为何产生、谁来主导，受益人、用途，背后意义，对立面，结构性、差异性、概率性，问题所在，有无实际用途等。

3.是非逻辑

为数字背后的是非判断。需要考虑的是：合法性、合规性，正确性、立场性等。

4.善恶逻辑

为数字背后的善恶识别。需要考虑的是：为善性、为恶性，伦理性、人文性等。

5.行为指导逻辑

为数字背后所相关的行为考量。需要考虑的是：致良知或非致良知，知行合一或不合一，伪善性或真恶性等。

当然越高层级逻辑的背后其校验难度越大。也可能不会全部涉及，但一定需要存在相当的敏感性及警惕性。因为越是复杂的数据，其背后的欺骗性、误导性可能也越强。

04

任何数据都有其背后存在的逻辑，如果不加校验地全盘采纳，很可能会掉入数字陷阱，进而导致灾难的发生。

因此从数字背后的外部表观逻辑、内部基本逻辑、是非逻辑、善恶逻辑、行为指导逻辑等五层逻辑展开逐步深入的校验分析，应该可以完整而全面地掌握数字背后的价值及用途，进而可以避免掉入陷阱，防范判断、决策的失误发生。

数字背后的逻辑，不可不察！

第二章 七阶发展：事物发展的过程逻辑

事物发展的过程逻辑

01

过程对我们无比重要。

事物发展一定有个过程，子弹也需要飞一会儿。

思想是慢慢成熟，需要大量的过程思考；学习有过程，成长有过程，成功有过程；企业发展有过程，问题产生有过程，项目完成有过程；故事发展有过程，能量蓄积有过程，量变到质变有过程。

没有过程，一步飞跃不太可能。就是飞过去，也可能会掉下来。

修行法门，无论你在做什么，都要去觉察它。这可能也正是我们生命存在的重要意义之一。

因此，发展过程无比重要，需要认真觉察体悟其背后的演变规律。

02

我们的思想很复杂。

理性思考有五层逻辑，但理性前还有感性认知的两个阶段，因此我们的成长发展有七个过程周期。

1.觉醒期，初步感性认知

对事物产生初始认知。

2.成长期，深入感性认知

问题开始产生，对事物的认知程度加深。

3.觉察期，外部表观逻辑认知

通过主动观察得到认知，是什么。

4.理解期，内部基础逻辑认知

通过深入理解得到认知，为什么。

5.智慧期，是非逻辑认知

通过明辨是非获得认知智慧，对还是错，不是什么。

6.蜕变期，善恶逻辑认知

通过识别善恶得到认知，善还是恶，该是什么。

7.大道期，行为指导逻辑认知

通过上述多重认知，展开合适行为。

03

事物的发展很复杂。

事物的外部表现千变万化，内部原因各有乾坤。有因有果，有果有因。但细究下来，可以发现复杂的表象之下，其实质可能却只是几个核心要素之间的矛盾演化纠葛。

这种演化的轨迹就是事物发展的规律。

1.矛盾酝酿，母体期

初始状态，矛盾对立面尚未产生，开始酝酿。

2.矛盾因素产生，赋能期

矛盾双方产生，由于新生对立方弱势，矛盾只是初始浅层阶段。

3.矛盾激化，催化期

事物复杂程度提升，对立面矛盾开始出现。

4.矛盾复杂多样化，体验期

矛盾对立面各自发展壮大，矛盾形式复杂多样化，出现大量次要矛盾。

5.矛盾各方的膨胀化，形意期

主要矛盾对立面各自演化发展到规则允许下的极致，处于正向互动，并推动事物的发展。

6.矛盾爆发，蜕变期

矛盾冲突爆发，平衡打破，向下震荡重新蓄势，向上寻求突破。

7.矛盾和谐统一，大道期

矛盾各方和谐统一，达成共识，形成牢固的稳定体，继续寻求新状态下的螺旋式上升。

04

事物的这种发展过程也可以用中国传统文化来演绎。

1.母体期，初始有太极

太极，一元，鸿蒙初始状态。

2.赋能期，太极生两仪

开始两分状态，阴面从阳面内部分化，阴在阳之内，不在阳之对。

3.催化期，两仪成三才

内生元素的阴阳对立，加上事物本体基础，组为天地人三才，同时产生三才三要素的各自阴阳变化，进入基础八卦状态。

4.体验期，三才组八卦

内部三才要素叠加外部三才要素，产生完整八八六十四卦时空模拟状态。

5.形意期，八卦分是非

八卦复杂状态中，是非两端明晰下产生繁荣。

6.蜕变期，是非有善恶

“吉凶悔吝咎”是非逻辑下，善恶道路不同选择的因果。向善而生，向恶而亡。

7.大道期，善恶归良知，良知化大道

善恶抉择考验后，良知行为选择下的融合统一，万物负阴而抱阳，冲气（正气）以为和。

8.大道入太极，太极再太极

事物发展体现为螺旋式的上升，从低级向高级、从低维向高维不断演化发展。

05

事物的七阶发展过程逻辑是：母体期、赋能期、催化期、体验期、形意期、蜕变期、大道期。

这个理论可以应用在不少场景，并为我们提供指导。

简单总结下，能有七大应用场景：思维演化的七个阶段、企业发展的七个阶段、矛盾演化的七个阶段、极性演化的七个阶段、阴阳演化的七个阶段、事物发展（学习、成长、故事）七步曲、能量提升七阶段。

事物发展的七阶过程

01

事物复杂的表象之下，其实质可能却只是几个核心要素的演化。这种演化的轨迹就是事物发展的规律，而这个轨迹又可以分成几个阶段。

也就是说，量的积累最终一定会发生质的变化，但积累的过程也是阶段化递进的过程，如同音律七音阶，如同可见光七色谱。

只有将本质要素的演化过程进行递进层级的量化，才能准确地识别事物的本质，进而展开判断、评估、预测、纠偏工作。

人类文明历史上的智者对此早有认识，包括极性演化论、阴阳八卦演化论、矛盾演化论等。

通过对人类文明智慧的归结，我们发现这种内生要素变化的七阶模型具有通用性及普适性，可以用作我们认知决策的核心工具。

02

通用七阶模型：母体期、赋能期、催化期、体验期、形意期、蜕变期、大道期。

1.母体期

极性方面：母体开始，各要素一体，无法无须区分。

阴阳方面：太极，一元，鸿蒙初始状态。

矛盾方面：初始状态，矛盾对立面尚未产生，开始酝酿。

示例场景：如企业家初创企业，如人类认知进入觉醒周期。

2.赋能期

极性方面：内生核心要素开始极性分化，潜在对立面被赋能。

阴阳方面：两仪状态，阴面从阳面内部分化；阴在阳之内，不在阳之对。

矛盾方面：矛盾双方产生，由于新生方弱势，矛盾只是初始浅层阶段。

示例场景：如企业的经营权从所有权中分化，如人类认知正向思维中负向思维的成长出现。

3.催化期

极性方面：事物复杂程度提升，对立面极性加深，极性两端并列存在。

阴阳方面：内生元素的阴阳对立，加上事物本体，组为天地人三才，同时产生三才三要素的各自阴阳变化，进入基础八卦状态。

矛盾方面：事物复杂程度提升，对立面矛盾开始出现。

示例场景：如企业的经营权同所有权并列；如人类认知进入觉察周期，正向思维、负向思维对立纠葛。

3.体验期

极性方面：极性各方各自主动发展，极性对立加深。

阴阳方面：内部三才要素叠加外部三才要素，产生完整八八六十四卦时空模拟状态。

矛盾方面：矛盾对立面各自发展壮大，矛盾形式复杂多样化，出现大量次要矛盾。

示例场景：如企业的经营权、所有权分离，隐现监督权；如人类认知进入理解周期，对正负向思维各方面理解认知程度加深。

5.形意期

极性方面：极性各方在可控范围内（规则约束下）发展到极致，处于动态平衡。

阴阳方面：八卦复杂状态中，是非两端明晰下的繁荣。

矛盾方面：主要矛盾对立面各自演化发展到规则允许下的极致，处于正向互动，并推动事物的发展。

示例场景：如企业的经营权、所有权、监督权并存，并在规则范围内达成有限均衡；如人类认知进入智慧周期，在正负向思维某方主导下认知的自圆其说。

6.蜕变期

极性方面：随着事物的进一步发展，极性某方或双方的力量发展超过临界点，打破平衡，在震荡中寻求突破或毁灭。

阴阳方面："吉凶悔吝咎"是非逻辑下，善恶道路不同选择的因果，向善而生，向恶而亡。

矛盾方面：矛盾冲突爆发，平衡打破，向下震荡重新蓄势，向上寻求突破。

示例场景：如企业由于经营权、所有权、监督权的三权失衡，进入了企业、企业家、职业经理人的三体困局；如人类认知进入善恶抉择周期，正负向思维下的某种思维极致发展后的失衡，导致整体思维混乱、反复摇摆，处于善或恶、上或下、突破还是毁灭的选择困境状态。

7.大道期

极性方面：极性各方获得了更高层次的融合，开始质变，新事物准备酝酿而出。

阴阳方面：善恶抉择考验后，良知行为选择下的融合统一；万物负阴而抱阳，冲气（正气）以为和。

矛盾方面：矛盾各方和谐统一，达成共识，形成牢固的稳定体，继续寻求新状态下的螺旋式上升。

示例场景：如超级国民企业的三权和谐统一，更高层级的三体合一；如人类认知进入良知周期，思想升华后的致良知行为导向，心向光明（正向思维）、消融黑暗（负向思维），"此心光明，夫复何求"。

03

极性演化论的七个阶段

母体酝酿（母体）、极性分化（赋能）、极性加深（催化）、分别经历（体验）、极性极限（形意）、极性失衡（蜕变）、极性合一（大道）。

注：为便于理解，极性可以简单类比为物理正负极。

矛盾演化论的七个阶段

矛盾酝酿（母体）、矛盾因素产生（赋能）、矛盾激化（催化）、矛盾复杂多样化（体验）、矛盾各方的膨胀化（形意）、矛盾爆发（蜕变）、矛盾和谐统一（大道）。

阴阳演化论的七个阶段

太极（母体）、两仪（赋能）、三才（催化）、八卦（体验）、是非（形意）、善恶（蜕变）、良知（大道）。

思维认知演化的七个层级

觉醒周期（母体）、成长周期（赋能）、觉察周期（催化）、理解周期（体验）、智慧周期（形意）、善恶抉择周期（蜕变）、良知周期（大道）。

阶段层级对照

（1）母体—太极—母体酝酿—矛盾酝酿—觉醒

（2）赋能—两仪—极性分化—矛盾产生—成长

（3）催化—三才—极性加深—矛盾激化—觉察

（4）体验—八卦—分别经历—矛盾多样化—理解

（5）形意—是非—极性极限—矛盾膨胀化—智慧

（6）蜕变—善恶—极性失衡—矛盾爆发—抉择

（7）大道—良知—极性合一—矛盾统一—良知

演化发展关系

太极生两仪，两仪成三才，三才组八卦；

八卦分是非，是非有善恶，善恶归良知；

良知化大道，大道入太极，太极再太极。

整个过程是螺旋式上升的动态发展演化过程。

04

事物发展一定有其规律可循。而事物内生核心要素的发展演化正是发现这种规律的核心突破口。

从事物的产生到最终发生质变，其中的量变过程可以再量化为七个阶段，如同音阶，如同可见光色谱，其中的逻辑清晰可辨。

由于纵向时间跨度的考量，事物发展完整七阶通用模型可以成为事物发展状态的良好分析、预测、指导工具。

思维提升的七个层级

01

人的思想充满了起伏。

忽而“春风得意马蹄疾”，忽而“凄凄惨惨戚戚”；忽而“会当凌绝顶”，忽而“长使英雄泪满襟”，忽而“喜怒忧思悲恐惊”七情交织；忽而“色声香味触法”六尘纵横。

起伏无常背后，情绪波动、认知波动亦无时无刻不在发生。

而这些波动，其实只是思维深处正面思维与负面思维认知较量的外在体现。

正面思维是人在处理事情时以积极、主动、乐观的态度去思考和行动，并促使事物朝着有利的方向转化，本质是发挥人的主观能动性，挖掘潜力，体现人的创造性和价值。

负面思维就是凡事以问题为导向，总是盯着问题与不足不放，过度思考，无法停止，是焦虑、抑郁、精神分裂等病症产生的主要原因。

伴随着正面思维与负面思维，会产生正面认知与负面认知、正面情绪与负面情绪，更分别导致正能量与负能量的产生。

我们会发现，在正面思维与负面思维（亦可以理解为明与暗）的冲突演化中，思维认知水平往往会在不经意间获得提升。这个过程可以分为递进的七个层级周期。

02

1.觉醒周期（母体期）

初步认知意识诞生，属于原始意识、本能意识、潜意识，意识到自身的存在。初始状态，一切都是新生，一切都开始酝酿。

2.成长周期（赋能期）

产生自我意识、感官意识、前意识、下意识，意识到我及我们的存在。

属于被动接受阶段，随着各种认知及知识的输入，由于缺乏辨别及控制能力，不可避免地出现鱼龙混杂局面，正面思维中掺杂着负面思维，正能量下伴随着负能量的出现，正面情绪下伴随着负面情绪的产生。

负面思维从正面思维中开始分化，并往往隐含于正面思维之内。由于负面思维更能满足欲望的要求，负面思维被逐渐赋能。

但由于负面思维处于弱势，正负面思维的认知冲突只是初级阶段。

3.觉察周期（催化期）

通过主动观察得到认知，谁、何时、何地、什么样。处于外部表观逻辑思维认知状态。

此时只是观察到事物的外部表现，亦是外部事物所呈现出的表面状态。因此只是简单或表面地认识到事物的外在体现。绝大多数普通人停留在这个认知层面。

但由于事物本身的复杂程度，外在体现可能是夸大、扭曲、变化、虚幻、虚假、伪装的。随着正面思维认知深入下的负面思维翻转，随着负面思维认知深入下的正面思维颠覆，对正负面思维的认知产生困惑，思维认知中的正负面思维冲突开始出现。

4.理解周期（体验期）

通过理解得到更深层次的认知，为什么、是什么。处于内部基本逻辑思维认知状态。

内部基本逻辑认知要求对事物本体内部存在的运行逻辑有更深层次的理解。由于其所带有的内部性、非直观性、隐蔽性、非易得性，需要深究事物本体的极化端、对立面、主要矛盾、次要矛盾、历史根源、演化变化，要掌握其结构、主次、构成、起因、问题根源。

此时已经超出普通人的认知水平，能达到这些认知，基本已经是少数人了。

正面思维及负面思维各自主导的认知理解继续加深，随之二者思维认知对立也加深。

由于能够深入地理解外部及内部的基本运行规律，已经能从正反、强弱、上下多角度看待和处理问题，进入思维的繁荣活跃期。但正面思维及负面思维认知的各自发展壮大，也产生了二者思维认知冲突形式的复杂多样化。

5.智慧周期（形意期）

通过明辨是非得到更深一层次的认知，对还是错、怎么样、如何做，处于高层级明是非、辨对错的是非逻辑思维认知状态。

是非逻辑认知，是明晰事物本体在各种体系交互运动时应遵从的各种规矩、惯例、法律等。由于各种关系的交互性、复杂性、多样性、多元性乃至冲突性，能够做出是非判断一定需要高度的智慧，从而能够辨析理解出其中的各种权利、义务、责任、约束。除最基本的法律逻辑外，还包括商业逻辑、经济逻辑、市场逻辑、政治逻辑、军事逻辑、国家逻辑等。众多的是非逻辑共同组成清晰完整的是非逻辑观。

达到这个层级的认知，已经是极少数人了，而且无不是各自领域的精英。

由于能清晰地认知是非，因此在正负面思维的各自认知中，在可控范围内（规则约束下）发展到极致，处于动态平衡，通过反复正向反向互动，推动认知水平的提升。

6.善恶抉择周期（蜕变期）

通过善恶选择的交织得到更深一层次的认知。由于不是如是非关系般的两元绝对性，善恶关系中呈现出复杂的连续多元性，善中有恶、恶中有善、表善内恶、表恶内善，又各有大小、各有权重、连续变幻，导致善恶关系交织下的辨别难度急剧提升，属于更高层级的思维认知能力。

善恶逻辑认知，是事物、组织、社会需要遵从的更高逻辑，是对人性、灵魂、社会的真正拷问及验证。其中应包括更广阔范围的人文、生命、民族、伦理、宗教等逻辑。

随着思维认知的进一步发展，正面思维或负面思维某方或双方的认知发展超过临界点，打破平衡，导致在震荡中寻求突破或毁灭。

建立在第四层级理解周期（内部基本逻辑思维认知）及第五层级智慧周期（是非逻辑思维认知）的融合基础上，面临着善恶逻辑思维认知的不同选择所导致的因果关系，向善而生，向恶而亡。

于是在正面思维及负面思维矛盾冲突爆发下，平衡打破，向下震荡重新蓄势，向上寻求突破。

7.良知周期（大道期）

通过了正面及负面思维的善恶抉择融合考验后，进入良知行为逻辑选择下的融合统一。

由于负面思维的毁灭消亡属性，因此只有在善恶抉择周期中选择了善逻辑指导的正面思维，并且能直面融合转化而不是简单排斥远离负面思维，才能进入该周期。该周期具有极高难度的挑战性。

该周期进一步融合了前三至六层级的觉察周期（外部表观逻辑思维认知）、理解周期（内部基本逻辑思维认知）、智慧周期（是非逻辑思维认知）以及善恶抉择周期（善恶逻辑思维认知），形成良知行为逻辑思维认知，并反过来指导具体行为。

行为指导逻辑，是在思维同行动之间所存在的非常重要的指导逻辑。实际上是对前四层逻辑更高级的融合、贯通。只有建立在前四层逻辑的正确认识上，建构出致良知的知行合一行动逻辑体系，才能在这个逻辑的指导下正确指导行动。这个阶段的核心要点在于需要高度的全面融合能力。

正面及负面思维获得了更高层次的统一融合，开始质变，更高层级新思维认知酝酿而出。

正面及负面思维各方和谐统一，达成共识，形成牢固的稳定体，继续寻求新状态下的螺旋式上升。

良知概念应是整个思维认知体系的核心。从表象上看良知观体现为善恶逻辑，但实际上更是贯穿全部层级逻辑体系的指导纲领，需要正确认识及深度理解。在高度的融合能力下，通过正确的良知思维认知达到最终的思想升华。

致良知；此心光明，夫复何求；心向光明，消融黑暗。

03

思维七层级对照

（1）觉醒期—本能意识—母体期—思维酝酿

（2）成长期—感官意识—赋能期—思维分化

（3）觉察期—表观逻辑—催化期—思维深化

（4）理解期—内部逻辑—体验期—思维矛盾激化

（5）智慧期—是非逻辑—形意期—思维极致化

（6）善恶期—善恶逻辑—蜕变期—思维矛盾爆发

（7）良知期—良知逻辑—大道期—正负思维统一

正负能量对照

正能量：勇气、淡定（灵活）、主动（真诚友善）、宽容（自控）、明智（创造）、爱（理解）、慈悲（乐观）、平和（智慧）、开悟（光明）。

负能量：骄傲（自我膨胀）、愤怒（憎恨）、欲望（贪婪）、恐惧（压抑）、悲伤（失落）、冷淡（漠然）、内疚（懊悔）、羞愧（接近死亡）。

对负面思维的正确理解

常见情况是认为只要做个好人就行。但尴尬的是，往往负面思维拥有着更高的能量、层级及智慧，不认识到这点，会严重误导自己的认知。

其原因很简单，正确的东西最终一定是简单的，而错误的东西一定是复杂或非常复杂的。与简单相比，复杂可以承载更多的信息与能量。

只有站在更高的层面才能改正错误及负面，用复杂的简单应对简单的复杂。

因此对于负面思维，只能直面、融合、转化、消融，而不是拒绝、简化、排斥、远离，否则冲突只会更加激烈，躲是躲不开的。

04

在光明与黑暗、正面思维与负面思维、正能量与负能量、正向情绪与负向情绪的反复演化、纠葛、冲突中，思维的认知水平逐渐获得提升，最终获得大智慧。

这个过程可以分为七个层级，每个层级的提升都需要付出极大的努力。大多数普通人会停留在第三层级，专家们可以达到第四层级，精英们会达到第五层级，但在面临第六层级的抉择与考验时，又只有屈指可数的非常人才会通过。

人生充满挑战，是考验，更是历练。

从感性到理性的七层认知

01

很多时候，我们靠感性行事。大口吃肉、大碗喝酒，快意恩仇、率性而为。

一方面因为我们感情丰富，需要发泄，需要出口；另一方面因为这样简单、不烧脑、不费力气，感觉又很爽，也因此乐此不疲。

这种行为着实令人羡慕、令人憧憬。

有时碰上理性思考的，还可以嗤之以鼻，是个书呆子，不切实际，我们的思维方式不一样。

是这样的吗？

02

我们先来看下百度上感性思维的说法。

感性思维主要是靠自己的经验和直觉去思考和判断。包含：感觉、知觉、感性概念、本能思维倾向、习惯思维、联想、想象、情感活动、直觉、定量的度量、模糊的范畴思维、创造性思维。特点是自然形成、敏感、自发产生、自动执行、孤立片面、分散并行。

人的思维活动起源于感觉，是感觉驱动的，感觉信号经过层层转化，成为神经活动兴奋发放的源泉，因此感觉来得自然、自动、自发。但是感觉信息是从四面八方聚集而来，分头作用，缺乏整合，有时根本就无法整合，因此分散、孤立、片面就成了感性思维的特点。可以说生物在进化史中99%的时间都是在发展和优化感性思维，因此人类的感性思维非常发达，感情非常丰富。

简单来说，感性思维就是靠感觉来行事。当然，有人会说，自己具有超强第六感，凭感觉绝对准确。

但这不能复制，因为不可知。有可能是真的，有可能是假的；有可能是高人，有可能是骗子。因此这种情况对我们的实践活动并不具有指导价值。

03

感性思维同理性思维是并列的一种思考方式吗？

我们先来模拟下个人思想成长的基本场景：

（1）初步意识诞生，产生原始意识、本能意识，意识到自身的存在。

（2）产生自我意识、感官意识、前意识、下意识，意识到我及我们的存在。

（3）通过主动观察得到认知，谁、何时、何地、什么样，是什么。

（4）通过深入理解得到认知，为什么。

（5）通过明辨是非得到认知，对还是错，不是什么。

（6）通过识别善恶得到认知，善还是恶，该是什么，不该什么。

（7）通过上述单一或多重认知，选择合适行为。

通过场景分析，我们发现由于感性的被动属性，感性思维实质上仅为第1步及第2步的较基础的思维方式。而理性思维更多地体现为一种主动的认知行为模式。

04

展开来看，从感性到理性，从共情到同理，存在七个维度的递进层级。

首先，诞生初步意识，属于原始意识、本能意识、潜意识，意识到自身的存在。

此为第一维度的认知觉醒周期，属于基础感性思维。

接着，产生了自我意识、感官意识、前意识、下意识，意识到我及我们的存在。属于被动接受阶段，负面思维开始出现。

此为第二维度的认知成长周期，属于成熟的感性思维。

接下来，我们通过主动观察得到认知，谁、何时、何地、什么样。处于事物的外部表现认知状态。

由于只是观察到事物的外部表现，亦是外部事物所呈现出的表面状态。因此只是表面地认识到事物的外在体现。此时思维认知中的正面思维负面思维冲突开始出现。

此为第三维度的认知觉察周期，进入理性思维的外部表观逻辑思维认知层级。

再接下来，我们通过深入理解得到了更深层次的认知，为什么、是什么。处于事物内部探索认知状态。此时能够深入理解事物的外部及内部的基本运行规律，能从正反、强弱、上下多角度看待并处理问题，进入思维的繁荣活跃期。

正面思维及负面思维各自主导的认知理解继续加深，随之二者思维认知对立也加深。

此为第四维度的认知理解周期，进入理性思维的内部基本逻辑思维认知层级。

继续深入，我们需要通过明辨是非得到更深层次的认知，对还是错，不是什么、不做什么，处于事物的是非对错约束认知状态。

由于能清晰地认知是非，因此在正负面思维的各自认知中，在可控范围内（规则约束下）发展到极致，处于动态平衡中，并通过反复正向反向互动，推动认知水平的提升。

此为第五维度的认知智慧周期，进入理性思维的是非逻辑思维认知层级。

再继续深入，我们需要通过善恶选择的交织得到更深层次的认知。由于不是是非关系般的两元绝对性，善恶关系更呈现出复杂的连续多元性，善中有恶、恶中有善、表善内恶、表恶内善，又各有大小、各有权重、连续变幻，导致善恶关系交织下的辨别难度急剧提升，属于事物更高层级的善恶约束认知状态。

此时正面思维或负面思维某方或双方的认知发展超过临界点，打破平衡，导致在震荡中寻求突破或毁灭。

建立在第四层级理解周期（内部基本逻辑思维认知）及第五层级智慧周期（是非逻辑思维认知）融合的基础上，面临着善恶逻辑思维认知的不同选择所导致的因果关系，向善而生，向恶而亡。

于是在正面思维及负面思维矛盾冲突爆发下，平衡打破，向下震荡重新蓄势，向上寻求突破。

此为第六维度的认知蜕变周期，进入理性思维的善恶逻辑思维认知层级。

最后，如果能通过正面及负面思维的善恶抉择融合考验，我们将进入良知行为逻辑选择下的融合统一阶段。

由于负面思维的毁灭消亡属性，因此只有在善恶抉择周期中选择了善逻辑指导的正面思维，并且能直面融合转化而不是简单排斥远离负面思维，才能进入该周期。

该周期需要进一步融合前三至六层级的觉察周期、理解周期、智慧周期以及蜕变周期，进而形成致良知的行为逻辑思维认知，并反过来指导具体行为。

此时正面及负面思维获得了更高层次的统一融合，开始质变，更高层级新思维认知准备酝酿而出。继续寻求新状态下的螺旋式上升。

良知概念应是整个思维认知体系的核心。从表象上看良知观体现为善恶逻辑，但实际上更是贯穿全部层级逻辑体系的指导纲领，需要正确认识及深度理解。在高度的融合能力下，通过正确的良知思维认知达到最终的思想升华。

此为第七维度的认知大道周期，进入理性思维的行为指导逻辑思维认知层级。

05

归结一下。

从感性到理性，从共情到同理，存在七个层级的递进认知周期：觉醒周期、成长周期、觉察周期、理解周期、智慧周期、蜕变周期、大道周期。前两层认知属于感性思维，后五层认知属于理性思维。

对于二者关系，可以简单表述下：

感性思维同理性思维不是并列关系，是递进关系。感性思维是理性思维的基础，理性思维是感性思维的升级提升。二者缺一不可，难以分割，并共同组成了思维的七层认知模式，共同构成了思维的全面认知体系。

感性思维同理性思维也不是对立关系，实质上是共生关系。一定不能彼此排斥、互相鄙视。

感性需要共情，理性需要同理。这需要包容、谅解、融合，需要心连心、同呼吸、共命运。只有如此，才能长久、持续、和谐。

我们需要共情心，也需要同理心。

企业发展的七个阶段

01

做企业，很不简单。要考虑的因素很多。

企业发展的核心是什么？

市场？产品？客户？技术？服务？管理？商业模式？政策？政商关系？合规风控？创新能力？这些关键要素都是核心，但更准确地讲都是某一阶段或某一部分的核心。

所有这些要素背后的核心又是什么？

毋庸置疑是人，是企业家、职业经理人、广大普通员工、众多股东。居主导地位的是前二者，然而包括普通员工及股东们的企业本身又能忽视吗？

不能。因为大家是一个整体。

正是企业家、职业经理人、企业本身的三者关系贯通了企业的全部发展阶段，而其背后的所有权、经营权、监督权三者权利的分合演化又是其背后的本质因素。

02

根据企业三大基础权利的演化，结合事物发展的规律，可以把企业发展分为七个时期。

1.母体期（权利一体期）

企业为小微企业阶段。企业家创设企业，企业家即企业，也为职业经理人，三位一体。

权利方面，因为一体化，所有权、经营权混同，无法分开，但已有了概念。

该阶段基本靠企业家的个人能力及基本认知打拼维持、艰难求生。

2.赋能期（两权出现期）

企业进入中小企业阶段。企业是企业家的企业，企业中企业家第一、企业第二。职业经理人开始出现，同企业家二者关系为雇佣与被雇佣的约束关系。

权利方面，在所有权覆盖下，已经有了经营权的概念，随着初步的授权，对初期职业经理人进行了专业化赋能。

这时企业有了基本的独立生存能力，企业同企业家可以区分开，但企业仍然离不开企业家。

3.催化期（两权分化期）

企业进入中型企业阶段。该阶段企业中企业家同企业地位并列。职业经理人团队形成，同企业家二者关系为授权与被授权的较朴实管理关系。

权利方面，所有权、经营权成为并行概念，可以分开。由于企业专业化复杂程度提升，因此也逐步催化了授权关系下的职业经理人团队的形成，而后者也继续发挥着越来越大的作用。

此时企业已经在市场上站住脚，具有一定的市场竞争力，企业需要企业家带着初期的职业经理人团队共同发展拓展。

4.体验期（三角关系期、三权产生期）

企业进入中大型企业阶段。该阶段企业中的地位排序应该是企业第一、企业家第二、职业经理人第三。由于职业经理人团队独立性越来越强，同企业及企业家三者关系正式发展为稳定的三角关系，处于蜜月时期。

权利方面，较大授权关系下的职业经理人团队正式进入核心圈，所有权同经营权并立存在的同时，出现监督权的内部需要，但由于职业经理人并未完全职业化、官僚化，监督权较为隐蔽地存在。

随着企业已经被市场彻底认可，在行业中也具有一定地位。这时候企业需要企业家认真打造核心职业经理人团队，企业家及核心团队共同成了企业的掌控人。

5.形意期（受限三体关系期、三权分化期）

企业进入中大型企业阶段。该阶段已经是社会化的企业，在企业中企业家、企业、职业经理人并存，企业第一，企业家第二，职业经理人第三。

职业经理人同企业及企业家为高度授权关系，较大或全面地掌握了企业经营权，矛盾冲突开始产生。由于职业经理人团队已发展为强大的体系，但由于尚未内部官僚化，三者关系发展为有限制的可控范围内的三体关系。

权利方面，所有权、经营权开始分立，职业经理人团队开始职业化、分工化、体系化，出现监督权的内外部强需求。

企业此时已经被社会广泛认可，具有足够市场影响力并可以公开发行上市。由于成了真正意义上的公众公司，需要企业家带领成熟的职业经理人团队为企业拓展更多的外部空间。

6.蜕变期（三体困局或三权成熟期）

企业进入大型公众企业阶段。该阶段企业、职业经理人、企业家并存，企业第一位、企业家及职业经理人并列。

职业经理人同企业及企业家开始升级为委托与被委托关系，全面接管了企业经营权。由于职业经理人团队的高度专业化、内部利益化，已经能自成一体，因此企业、企业家、职业经理人三者关系进入复杂、难以预测、难以控制的三体关系期。

权利方面，所有权、经营权、监督权需要实质性分立，由于职业经理人团队的全面掌权及高度复杂性，要求出现以内控及风控为主需求的监督权的实质性存在。

这个阶段，企业已经成为行业领导者，可能是资深上市公司，并真正意义上同社会及地方经济融为一体。由于职业经理人团队的发展壮大，也不可避免地伴随着越来越多的问题，如官僚化、腐败化、内部利益群体化、部门利益至上化、既得利益者把持化、流程烦琐化、无意义工作泛滥化、外部风险忽视化、形象面子夸大化等。

实践中，很多企业无法有效处理复杂的三体及三权关系，从而导致企业不断处于三体困局震荡之中。突破不了这个困局，其结果就是崩溃或是重整，很多貌似强大的企业就倒在了这个阶段。

7.大道期（三体合一期、三权和谐统一期）

企业进入超大型国民级企业阶段。这时已称为基业可以长青的企业，企业中企业、企业家、职业经理人可以在更高层次上实现和谐统一。内部能有效分工、高效合作。多采用集体领导、轮值领导制。

权利方面，所有权、经营权、监督权可以完整而和谐地辩证统一。

这个阶段，企业已经成为国民级明星企业，举世瞩目，已经真正意义上同国家及全球经济融为一体。如同真正的生命般，企业是外在身体般的体现，职业经理人是理性及智慧的意识体现，企业家则是精神领袖及灵魂的体现。

03

从企业的三权（所有权、经营权、监督权）演化来看，存在权利一体期、两权出现期、两权分化期、三权产生期、三权分化期、三体困局或三权成熟期、三权和谐统一期七个阶段，相对应着事物发展演化的母体期、赋能期、催化期、体验期、形意期、蜕变期、大道期。

这七个阶段也正是企业所有权、经营权、监督权矛盾冲突下演化融合的产物。随着这些矛盾的出现并逐渐被克服解决，企业也会逐步发展壮大、走向成功。

从这个角度来理解企业的发展阶段而不是仅凭规模大小来区分，能更深入理解企业的本质。

经济周期与事物发展的七个阶段

01

无疑，我们仍然处于增长速度换挡期、结构调整阵痛期、前期刺激政策消化期的三期叠加期巨大影响之中。

目前，全球经济处于周期性疲软阶段，经济恢复普遍低于预期，经济衰退风险上升。全球经济呈现低增长、高通胀、高债务的态势，脆弱性加剧。

对此，党的二十大报告指出：当前，世界百年未有之大变局加速演进，新一轮科技革命和产业变革深入发展，国际力量对比深刻调整，我国发展面临新的战略机遇。同时，世纪疫情影响深远，逆全球化思潮抬头，单边主义、保护主义明显上升，世界经济复苏乏力，局部冲突和动荡频发，全球性问题加剧，世界进入新的动荡变革期。

我国发展进入战略机遇和风险挑战并存、不确定难预料因素增多的时期，各种“黑天鹅”“灰犀牛”事件随时可能发生。我们必须增强忧患意识，坚持底线思维，做到居安思危、未雨绸缪，准备经受风高浪急甚至惊涛骇浪的重大考验。

因此，我们需要直面经济周期，需要直面各种危机。

02

事物发展有七个阶段：母体期、赋能期、催化期、体验期、形意期、蜕变期、大道期。对应矛盾演化论的七个阶段：矛盾酝酿、矛盾产生、矛盾加深、矛盾多样化、矛盾膨胀化、矛盾爆发、矛盾和谐统一。

事物内生矛盾的演化正是推动事物外在发展的核心要素及根源。而经济发展过程中，周期性的波动是正常状态。

为什么会如此？

主要根源是什么？

推动进程的主要矛盾是什么？

03

影响经济周期性波动的因素有很多，一般有消费需求的波动、预期的变化、投资率的变动、技术进步的状况等。

这些因素的背后，有没有更深层次的因素？

经过深入研究，大家发现每次经济危机的背后都伴随着高杠杆率的庞大债务规模，正是难以继续提升的债务杠杆率导致了经济发展的终止及下行。而债务杠杆率的高低，也正是伴随着经济的扩张与收缩过程。加杠杆的过程，就是经济扩张的过程；去杠杆的过程，就是经济收缩的过程。

因此，经济周期中推动事物发展进程的主要矛盾因素应该是债务杠杆率的高低。其背后的底层逻辑则是人性的需求波动，再背后的根源则是是非逻辑和善恶逻辑的缺失、混淆、反复。

上行期，我们加杠杆、扩张、振奋、努力、享受红利；下行期，我们去杠杆、收缩、沮丧、艰难维持、缺乏红利。

04

面对下行期的危机，我们如何进行行为选择？

事物发展一旦进入蜕变期，也即矛盾演化进入暴发期：此时矛盾中各方的发展超过临界点，原有平衡被打破，会导致系统在震荡中寻求突破或毁灭。

这时，我们将面临着思维认知的不同选择所导致的行为因果关系，向善而生，向恶而亡。

由于负面因素的毁灭消亡属性，因此只有在蜕变抉择周期中选择了善逻辑指导的正面因素，并且能直面融合转化而不是简单排斥远离负面因素，才能获得突破提升。

对于负面因素，最佳选择一定是直面、融合、转化、消融，而不是简单粗暴地拒绝、简化、排斥、对立。否则如同弹簧缩放，冲突只会更加猛烈，震荡只会更加剧烈。

只有矛盾各方和谐统一，达成共识，形成牢固的稳定体，才能继续寻求新状态下的螺旋式上升。

05

经济周期性波动中，政策的选择、企业的选择、个人的选择，以及思维的认知提升都非常重要。

能否深刻认识事物本质，建立清晰正确的认知模式、逻辑体系、行为模式对系统中每个层面的参与者都非常重要。

下行周期中的行为选择更加考验智慧。顺周期逆周期、抗争抑或“躺平”都是无关对错的选择，核心是知道自己的行为并能为其后果负责，而不是走向恶逻辑，以损害他人、牺牲社会来获得自己的利益。

一旦这样选择将带来更大的波动及损失，乃至对整个社会都产生非常不利的影响，因为作为一个社会体，没有谁是孤立存在的。

复杂局面下，拖、“躺平”、听天由命是个人选择。但从经济周期上来说，上升到极点后泡沫必然破裂，不是从某处开启就必在另一处开启，其中的所有参与者都会被波及。因此，在正确预判的前提下，主动应对可能比被动承受更加合适。

因为至少可以有些选择。

良知与发展七阶段

01

企业最重要的使命是经济效益，不讲效益的企业都无疑是耍流氓，可以暂时但决不能长久。无他，因为不能损害他人的权益。

但只认经济效益，而不顾及其他，在企业弱小之时，还可以如此；当企业强大了，又万不能如此。无他，因为也会损害他人的利益。

而损害他人利益的后果，不管是道德标准还是法律规范，都会被惩罚。

因此，现代企业经营是个非常复杂的问题，也是个极具挑战智慧的难题。

02

思维认知决定了每个人的行为，一旦不随着企业、经济、社会的发展及时提升自身的认知水平，则注定会被时代淘汰，其后果也可能是灾难。

常见情况是认为只要做好自己就行。但尴尬的是，往往负面思维拥有着更高的能量、层级、智慧，实践中往往是拥有更高思维能力的坏人、坏势力会利用这一点来侵占好人的利益。如果不能认识到这点，一定会造成严重的困惑及误导。

原因很简单，正确的东西最终一定是简单的，而错误的东西一定是复杂或非常复杂的。与简单相比，复杂可以承载更多的信息与能量。

因此只有站在更高的思维认知层面才能应对负面的思维认知。

对于负面思维的“坏势力”，只能用带着温暖的直面、融合、转化、消融，而不是冰冷的拒绝、简化、排斥、远离。一方面，负面思维主导的“坏”不是简单的“坏”，也没人认可自己是“坏”；另一方面对于企业来说，如同弹簧缩放，正面冲突只会使矛盾更加激烈，震荡更加剧烈。

03

中国传统文化中“致良知”学说是中国文化的重要成就，正是明辨善恶的重要思想来源，更是非常出色的行为指导工具。

良知的重要性体现为：

1.企业的权利演化

从企业的权利演化来看，存在权利一体期、两权出现期、两权分化期、三权产生期、三权分化期、三体困局期、三体合一期等七个发展阶段。

最终的三体合一期，其所体现出的三权和谐统一，即是建立在各方能够共行良知行为的基础之上。

2.事物的发展演化

事物内生核心要素的发展演化正是推动其上升发展的核心推动力。从事物的产生到最终发生质变，其中的量变过程可以分为七个阶段：矛盾酝酿（母体），矛盾因素产生（赋能），矛盾激化（催化），矛盾复杂多样化（体验），矛盾各方的膨胀化（形意），矛盾爆发（蜕变），矛盾和谐统一（大道）。

最终的矛盾和谐统一期，也是建立在良知行为选择下的融合统一。

3.理性思维逻辑的五层级

理性思维逻辑从上往下依次分为五个层级：外部表观逻辑、内部基本逻辑、是非逻辑、善恶逻辑、行为指导逻辑。

五层逻辑要达成内在的实质性统一。必须建立在前四层逻辑的正确认知上，构建出致良知的知行合一行动逻辑，才能在这个逻辑的指导下正确地开展行为活动。

4.思维的七层级

在光明与黑暗、正面思维与负面思维、正能量与负能量、正向情绪与反向情绪的反复演化、纠葛、冲突中，思维的认知水平逐渐获得提升，最终获得大智慧。这个过程可以分为七个层级：觉醒周期，成长周期，觉察周期，理解周期，智慧周期，善恶抉择周期，良知周期。

最终的良知周期正是通过了正面及负面思维的善恶抉择融合考验后，才进入了良知行为逻辑选择下的融合统一。

04

对于企业来说，不管从哪个角度，良知思想都是最终产生突破，进而产生质变的核心因素。

只有站在建立于前期多层基础之上的良知行为思想的认知高度，才能反过来向下逐层指导各种思想认知，正面应对各种负面思维、负面情绪、负面能量。

良知从来都在我们身边，一定是温暖而非冰冷的；从来都在日常生活点滴之中，一定是平凡普通而非高高在上的。冰冷的一定不是良知。

这个过程是从简单到复杂，又从复杂到简单的过程，且应该是一种螺旋式上升的呈现。

可以时刻提醒，用温暖的复杂化简单来应对冰冷的简单化复杂。

第三章 场景应用

五层逻辑的场景应用

1. 事件评估的五个层级表

层级	逻辑层级	内容	备注
第一层	外部表观逻辑	事件真实性评估	
第二层	内部基本逻辑	事件目的性评估	
第三层	是非逻辑	事件合规性评估	
第四层	善恶逻辑	事件受控性评估	
第五层	行为指导逻辑	事件行为后果导向性评估	

2．项目及企业评估的五个层级表

层级	逻辑层级	项目评估	企业评估	备注
第一层	外部表观逻辑	外部表现状态评估 关注真实性	企业外部状态评估 关注真实性	
第二层	内部基本逻辑	内部基础状况评估 关注效益性	企业内部基础评估 关注效益性	
第三层	是非逻辑	项目合规性评估 关注合规性	企业合规性评估 关注合规性	
第四层	善恶逻辑	项目可控性评估 关注可控性	企业可控性评估 关注可控性	
第五层	行为指导逻辑	项目实施评估 关注可操作性	企业行为评估 关注可持续性	

3．科学决策的六个步骤表

步骤	逻辑层级	内容	备注
第一步	外部表观逻辑	决策事项外部表现状态 是什么，是否真实	
第二步	内部基本逻辑	决策事项内部基础状况评估 为什么，有无效益	
第三步	是非逻辑	决策事项合规性评估 不是什么，是否合规	
第四步	善恶逻辑	决策事项可控性评估 该是什么，是否可控	
第五步	行为指导逻辑	决策事项行为后果评估 做什么，是否可操作	
第六步	校验	校验上述决策逻辑层级的整体性及递进性	

4．管理权限的五层逻辑表

层级	逻辑层级	内容	备注
第一层	外部表观逻辑	事物发展的外部表象	减少干预
第二层	内部基本逻辑	事物发展的内在基础	减少干预
第三层	是非逻辑	事物发展的底线、下限、红线 强干预严管控 禁止处罚为主	负面清单
第四层	善恶逻辑	事物发展的顶线、上限、蓝线 鼓励发扬 奖励表彰为主	正面清单
第五层	行为指导逻辑	事物蜕变的关键线 倡导良知及知行合一 奖励、表彰、发扬、培养使命感	正面清单

5．平台化的五层逻辑表

层级	逻辑层级	内容	备注
第一层	外部表观逻辑	平台发展的外部表现	少干预 或不干预
第二层	内部基本逻辑	平台发展的内部基础	少干预 或不干预
第三层	是非逻辑	平台发展的底线、下限、红线 强干预严管控 禁止处罚为主	负面清单
第四层	善恶逻辑	平台发展的顶线、上限、蓝线 鼓励发扬 奖励表彰为主	正面清单
第五层	行为指导逻辑	平台蜕变的关键线 倡导良知及知行合一 奖励、表彰、发扬，培养 归属感和使命感	正面清单

6．人物评估的五层逻辑表

层级	逻辑层级	内容	备注
第一层	外部表观逻辑	外部表现	××之外
第二层	内部基本逻辑	内在精神	××之内
第三层	是非逻辑	规范性	××之是（或非）
第四层	善恶逻辑	个人品行	××之善（或恶）
第五层	行为指导逻辑	良知体现，知行表现	××之为

7．区域评估的五层逻辑表

层级	逻辑层级	内容	备注
第一层	外部表观逻辑	外部表现	××之外
第二层	内部基本逻辑	内部要素	××之内
第三层	是非逻辑	整体规范性	××之是（与非）
第四层	善恶逻辑	社会道德伦理	××之善（与恶）
第五层	行为指导逻辑	社会良知体现	××之行（与为）

8．反转提升的五层逻辑表

层级	逻辑层级	内容	备注
第一层	外部表观逻辑	外部表现	
第二层	内部基本逻辑	反转之内部原因	
第三层	是非逻辑	反转之是非约束	
第四层	善恶逻辑	反转之善恶约束	
第五层	行为指导逻辑	反转之良知指引	

9．五层逻辑与五行分类对照表

层级	逻辑层级	内容	五行分类
第一层	外部表观逻辑	外部状态表现	土元素
第二层	内部基本逻辑	内部要素推动	木元素
第三层	是非逻辑	是非约束发展	金元素
第四层	善恶逻辑	善恶交织蜕变	火元素
第五层	行为指导逻辑	良知指引前行	水元素

七阶发展的场景应用

1．矛盾演化的七个阶段

阶段	发展阶段	矛盾演化	备注
第一阶段	母体期	矛盾酝酿	被动
第二阶段	赋能期	矛盾因素产生	被动
第三阶段	催化期	矛盾激化	主动
第四阶段	体验期	矛盾复杂多样化	主动
第五阶段	形意期	矛盾各方的膨胀化	主动
第六阶段	蜕变期	矛盾爆发	主动
第七阶段	大道期	矛盾和谐统一	主动

2．思维演化的七个阶段

阶段	发展阶段	思维演化	说明
第一阶段	母体期	觉醒周期	感性阶段　被动认知
第二阶段	赋能期	成长周期	感性阶段　被动认知
第三阶段	催化期	觉察周期	理性阶段　外部表观逻辑认知 主动觉察
第四阶段	体验期	理解周期	理性阶段　内部基础逻辑认知 深入理解
第五阶段	形意期	智慧周期	理性阶段　是非逻辑认知 产生智慧
第六阶段	蜕变期	善恶抉择周期	理性阶段　善恶逻辑认知 明晰善恶
第七阶段	大道期	良知周期	理性阶段　行为指导逻辑认知 致良知下的融合

3．企业权利发展的七个阶段

阶段	发展阶段	企业权利发展阶段	说明
第一阶段	母体期	权利一体期	所有权、经营权、监督权 三权混同
第二阶段	赋能期	两权出现期	从所有权中分化出经营权
第三阶段	催化期	两权分化期	所有权、经营权并行存在
第四阶段	体验期	三权产生期	所有权、经营权并立 出现监督权的内部需要
第五阶段	形意期	三权分化期	所有权、经营权分立 需要存在监督权的强需求
第六阶段	蜕变期	三体困局期	所有权、经营权、监督权 三权需要实质性分立
第七阶段	大道期	三权和谐统一期	所有权、经营权、监督权 三权完整和谐，辩证统一

4．极性演化的七个阶段

阶段	发展阶段	极性演化	备注
第一阶段	母体期	母体酝酿	被动
第二阶段	赋能期	极性分化	被动
第三阶段	催化期	极性加深	主动
第四阶段	体验期	分别经历	主动
第五阶段	形意期	极性极限	主动
第六阶段	蜕变期	极性失衡	主动
第七阶段	大道期	极性合一	主动

5．阴阳演化的七个阶段

阶段	发展阶段	阴阳演化	说明
第一阶段	母体期	太极	初始有太极
第二阶段	赋能期	两仪	太极生两仪
第三阶段	催化期	三才	两仪成三才
第四阶段	体验期	八卦	三才组八卦
第五阶段	形意期	是非	八卦分是非
第六阶段	蜕变期	善恶	是非有善恶
第七阶段	大道期	良知	善恶归良知 良知化大道
以后阶段	开始新的发展周期	新周期的螺旋式上升	大道入太极 太极再太极

6．事物发展七步曲

阶段	发展阶段	学习发展	成长发展	故事发展	说明
第一阶段	母体期	初步学习	初步成长	开始觉醒	被动阶段 初步认知
第二阶段	赋能期	深入学习	逐渐成长	继续发展	被动阶段 加深认知
第三阶段	催化期	主动觉察	主动拓展	主动觉察	主动阶段 外部表观逻辑认知 主动觉察认知
第四阶段	体验期	理解学习	深入开拓	深入理解	主动阶段 内部基础逻辑认知 深入理解认知
第五阶段	形意期	学有所得	形成领域	产生智慧	主动阶段 是非逻辑认知 产生智慧认知
第六阶段	蜕变期	考验蜕变	蜕变抉择	抉择蜕变	主动阶段 善恶逻辑认知 形成善恶认知
第七阶段	大道期	融会贯通	获得成功	融合归一	主动阶段 行为指导逻辑认知 致良知下的融合

7. 能量提升七阶段对照表

阶段	发展阶段	颜色	音阶	说明
第一阶段	母体期	红色	1（do）	频率升高　能量提升
第二阶段	赋能期	橙色	2（re）	频率升高　能量提升
第三阶段	催化期	黄色	3（mi）	频率升高　能量提升
第四阶段	体验期	绿色	4（fa）	频率升高　能量提升
第五阶段	形意期	蓝色	5（sol）	频率升高　能量提升
第六阶段	蜕变期	靛色	6（la）	频率升高　能量提升
第七阶段	大道期	紫色	7（si）	频率升高　能量提升

文化的融合

中国文化与现代企业

引子

对于中国传统文化，一直是敬而远之。

敬的是博大精深，远的是无从下手。尤其是有些神秘的太极、阴阳、三才、五行、八卦、易经，还包括有些玄幻的天干、地支、八字、风水，更包括有些拗口的道德、伦理、是非、善恶、良知，再加上不太容易理解的儒、释、道的各自经典。

直到买来了能看到的几乎全部南怀瑾先生的作品，陆陆续续花了十几年的时间系统地阅读了这些作品，这才有了基本认知。

再通过多年对中国传统经典的琢磨体会，尤其是《道德经》《心经》《易经》和王阳明先生心学的深刻感悟，结合自己的工作实践，发现其实也不复杂。

的确是“众里寻他千百度，蓦然回首，那人却在，灯火阑珊处。”

中国文化的核心就是渗透在每个中国人骨子里的底层认知思维方式。

终于明白阴阳、三才、五行、八卦、十天干、十二地支、六十四卦就是事物的各种分类方式。而这些分类又不是简简单单的数字分类，更多地体现为事物内生核心元素的演化模拟分类。

因此一旦采用这些分类法，更能体现出事物的系统性、辩证性、逻辑性。

已经很不简单了。

而最神奇的是，组合上述认知，结合易经的思维，发现竟然可以用这些概念完整地描述出事物发展的全过程逻辑。

初始有太极，太极生两仪；

两仪成三才，三才组八卦；

八卦分是非，是非有善恶；

善恶归良知，良知化大道；

大道入太极，太极再太极。

明白了这些基本道理，掌握了核心元素的演化规律，终于发现可以应用在很多地方。

本部分内容即为本人对于中国传统文化的一些思考及现代应用探讨。

希望能对大家有些帮助。

第一章 理论探讨篇

中国文化分类及演化的学问

01

中国文化的核心就是渗透在每个中国人骨子里的底层思维认知方式。阴阳、三才、五行、八卦、十天干、十二地支、六十四卦就是事物的各种分类方式。而这些分类又不是简简单单的数字分类，更多地体现为事物内生核心元素的演化模拟分类。

因此一旦采用这些分类法，更能体现出事物的系统性、辩证性、逻辑性。同西方文化相比，很不简单。

阴阳

两分法，阴阳。正反，正负，强弱，明暗，对立两面。

三才

三分法，天地人三才。

可以对应着：规则、基础、人，上层建筑、基础架构、能动元素，所有权、监督权、经营权，上限、下限、主体等。天时地利人和才能最佳。

五行

五分法，木火土金水。

木元素，生长、伸展、弯曲、舒张；火元素，向上、火热、引领；土元素，承载、受纳、中和、收获；金元素，收敛、清洁、稳定；水元素，滋润、向下、流动。

对应着生、长、承、收、藏，五者之间相生、相克、相容、相合。可以有职能五行、理念五行、逻辑五行。

八卦

八分法，乾（☰）、坤（☷）、震（☳）、艮（☶）、离（☲）、坎（☵）、兑（☱）、巽（☴）。

乾，健也；坤，顺也；震，动也；巽，入也；坎，陷也；离，丽也；艮，止也；兑，说也。天地定位（乾与坤）、雷风相薄（震与巽）、山泽通气（艮与兑）、水火不相射（坎与离）。

可以通过三才核心三元素各自的阴阳强弱推导而出。

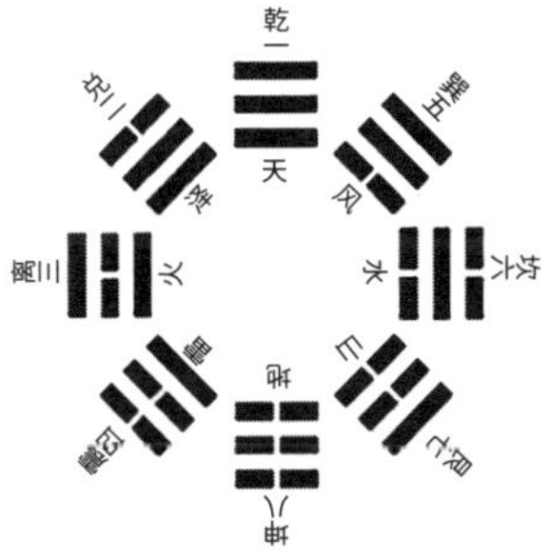

十天干

十分法，甲、乙、丙、丁、戊、己、庚、辛、壬、癸。

时间序列，计时方式；地理方位；天文历法。

甲，万物甲生（出生）；乙，万物乙长（生长）；丙，万物丙然（光耀）；丁，万物丁壮（强壮）；戊，万物戊盛（茂盛）；己，万物己曲（弯曲）；庚，万物庚替（更替）；辛，万物辛苦（艰辛）；壬，万物壬重（任重）；癸，万物癸死（死亡）。

通过五行各自元素的阴阳属性展开而来，是一种更复杂的五行展开法。

十二地支

十二分法，子、丑、寅、卯、辰、巳、午、未、申、酉、戌、亥。

时间序列，计时方式；地理方位；天文历法；演化方式。

子是兹，指万物兹萌于既动之阳气下；丑是纽，阳气在上未降；

寅是移，引的意思，指万物始生寅然也；卯是茂，言万物茂也；辰是震的意思，物经震动而长；巳是起，指阳气之盛；午是仵的意思，指万物盛大枝柯密布；未是味，万物皆成有滋味也；申是身的意思，指万物的身体都已成就；酉是老的意思，万物之老也；戌是灭的意思，万物尽灭；亥是核的意思，万物收藏。

通过八八六十四卦的十二消息卦演化推演而来，即八卦六爻从全阴到全阳之间的依次顺序变化所得，意味着从全阴到全阳再到全阴的完整发展过程演化。

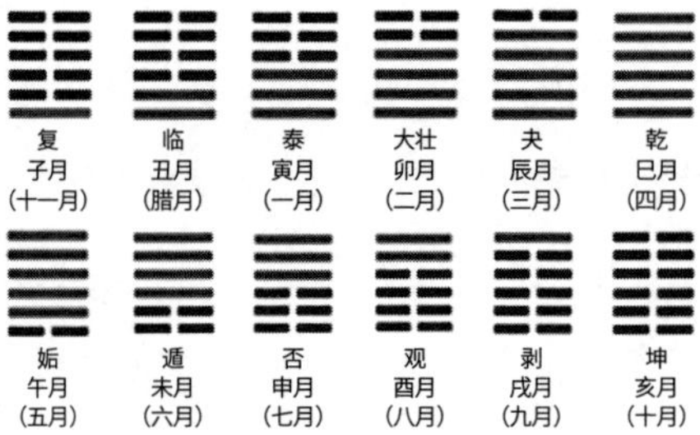

六十四卦

事物的六十四种状态模拟。

由代表事物内部外部、主体客体的两层基础八卦叠加演化所得。几乎可以囊括我们的全部日常生产活动。

02

组合上述认知，结合易经为主导的儒家思维，可以用这些概念完整地描述出事物发展的全过程逻辑。

初始有太极，太极生两仪；两仪成三才，三才组八卦；八卦分是非，是非有善恶；善恶归良知，良知化大道；大道入太极，太极再太极。

初始有太极。

太极，一元，鸿蒙初始状态。

太极生两仪。

开始两分状态，阴面从阳面内部分化，阴在阳之内，不在阳之对。

两仪成三才。

内生元素的阴阳对立，加上事物本体基础，组为天地人三才，同时产生三才三要素的各自阴阳变化，进入基础八卦状态。

三才组八卦。

内部三才要素叠加外部三才要素，产生完整八八六十四卦时空模拟状态。

八卦分是非。

八卦复杂状态中，是非两端明晰下产生繁荣。

是非有善恶。

“吉凶悔吝咎”是非逻辑下，善恶道路不同选择的因果。向善而生，向恶而亡。

善恶归良知，良知化大道。

善恶抉择考验后，良知行为选择下的融合统一，万物负阴而抱阳，冲气（正气）以为和。

大道入太极。

完整七阶段发展后，事物内部各要素达成和谐统一，并能长期固化、稳定存在。在新的高维状态中，事物将进入新层级的七阶发展演化。

太极再太极。

继上个七阶发展阶段完成后，事物将继续进入下一个更高维度的七阶发展阶段。以如此方式，事物获得螺旋式的上升，从低级向高级、从低维向高维不断演化发展。

易经的五层逻辑分析

01

易经的宝藏无与伦比，绝对值得深入挖掘。

易经对中国文化的重要性首屈一指，可以说是中国文化的重要源头。其中所包含的逻辑性、思辨性、科学性达到了非常高的层次，远远超出了所产生的时代。

但《连山易》《归藏易》的彻底失传，导致对其历史溯源工作难以开展，很多都只能是凭空推测。

在后来以《周易》为基础的传承中，易经的最大用途就是卜筮、算命，主要是由于古人面临太多的未知，因此也导致卜筮成为其存在的主要目的。

但儒学大师们从中汲取、提炼、发掘出了深刻的哲理，从而产生了非常深远的影响，并已经深深嵌入了中国文化的骨髓之中。

不过，在漫长的历史长河中，普通人基本用来算命，专家用来理论研究。

易经的作用仅限于此吗？

02

由于易经的历史非常久远，在中国文化中又起着举足轻重的作用，因此对易经的解读也有不少，千奇百怪、各有千秋。

但由于中国古代几乎停滞了逻辑上的研究，就连逻辑一词也为舶来品。因此探究其背后的五层逻辑，将对易经的理解及应用产生极大的助益。

1.外部表观逻辑

易经分为八八六十四卦，每卦六爻，64×6=384，再加上乾卦的用九与坤卦的用六（用，六爻皆动），合计共386条爻辞。

《周易》一般认为主要是周文王的解读及后期大儒们的补充阐述。简单来看，其核心逻辑为阐述了事物的64个状态386个情况，然后论述了每个状态下各种情况的变化及结果判断。

普通人根据卦及爻预测、算命，专家则根据爻辞研究哲理及历史。

一般的用法为：

起卦（方式有摇卦、数字起卦、时间起卦、方位起卦等，再加上各式各样的变种），目的是求得应对事物的卦及爻（变动的因素），具体的方法网上都有很详细的介绍，选自己最喜欢的一种即可。

查卦，然后像查工具书一样，从《周易》中找出对应卦及爻的爻辞。

解卦，根据爻辞进行判断。

2.内部基本逻辑

易经的发展产生过程为：

初始为太极。初始母体混沌状态（为何生，如何生，佛家道家体系均有探讨）。

太极生两仪。即阴阳（极性、对立面、矛盾方），展现为阴爻（两条并列的短横线）同阳爻（一条长横线）。

两仪成三才。即在阴阳二分的基础上加上人的元素，形成天地人三才。

三才组八卦。即天地人三大元素的各自阴阳状态组合，共呈现为2的3次方为8个状态，此即为基础八卦，分别为乾、兑、离、震、巽、坎、艮、坤，代表着天地、水火、雷风、泽山四组对应的状态。

八卦有先天。接着根据古中原地区的天象特征对八个卦态进行了方位排列。即形成了先天八卦图。

先天转后天。随着继续考虑地理方位特征，尤其是中国的具体特征，八卦的排列发生了变化，即为后天八卦，为震、巽、离、坤、兑、乾、坎、艮，顺次分别对应着东、东南、南、西南、西、西北、北、东北。因此后天八卦是以古中国地区的地理方位特征排布绘制的。

叠卦演万物。随着这样的演化，发现原本仅考虑天地人3个因素8个状态有些不够，需要叠加先天后天、主体客体、外部内部、主动被动，进行上下2卦叠加组合，即产生了64（8×8）个卦象，也即为64种状态。

万物有规律。64个状态下，每个状态再考虑其中内部6个因素（内部天地人叠加外部天地人），则共有384（64×6）种情况。这时386［384+2（用九及用六）］种情况已经远远足以应付社会中的各种各样的局面了，而每种情况又可能会产生“吉凶悔吝咎”5种结果，因此易经中探讨了1930（386×5）种可能的结果，这已经远远超出普通人的认知。

通过上述推演，可以看出，易经八八六十四卦实质上是基于古中国地理天象气候加上人本元素排列的时空模拟系统。

3.是非逻辑

作为人本时空模拟系统的指导预测工具，易经本身就有一套判断逻辑，其基本判断词为：“吉凶悔吝咎”。

判断的逻辑基础主要是基于前述64状态，每种状态各6种因素演变的情况下，进行事项归类、经验总结而得出，具有相当的历史及现实借鉴意义。

这些逻辑为：三易五要素。

三易：不易、简易、变易

不易，任何事物其背后的法则、理则、逻辑在某个框架体系内是不变或相对稳定的，这也是组成事物的基本元素。

简易，任何纷繁复杂的表象都可以归纳提炼出简单的逻辑道理，即一定可以做到“化难为易，化大为细”。

变易，任何事物由于其内部各因素的极性冲突、阴阳转换，一定会导致整体上出现多样性的变化，这种变化是有规律可循的，需要从错综复杂（原始呈现为解卦中需要考虑的错卦、综卦、复卦及杂卦）中谨慎对待、认真研究。

五要素：“理象数变通”

理：事物一定会具备前述“三易”的基本道理。

象：事物一定会呈现出各种表象及其变化体。

数：事物一定存在可以计量的数字，包括时间、空间、维度、层级、程度等，易经的本身即体现为二进制的表现方式，且极大的可能性是产生现代二进制的源头。

变：事物一定是不断变化的，稳定只是暂时状态，由于基础物理波粒二象性的呈现，很多时候的事物结果是或然性、概率化的呈现，从目前人类知识体系来看，易经应该是研究事物变化的最科学完整的思想体系。

通：事物间是相互连通的，是有迹可查、有理共通的，是可以沟通、理解、跨越、融合的，这一点的确达到了很高的哲学认知。

4.善恶逻辑

在是非逻辑之上，周易中更是体现出大量的善恶观。“吉凶悔吝咎”的背后就是随着善恶观进行着底层推演，趋吉避凶的前提必然是以从善为前提。

《周易·坤卦·文言》曰“积善之家，必有余庆，积不善之家，必有余殃”；《周易·系辞下》曰“善不积不足以成名，恶不积不足以灭身。小人以小善为无益而弗为也，以小恶为无伤而弗去也。故恶积而不可掩”；《周易·白话》曰：“《易》曰：‘履霜，坚冰至。盖言顺也’”；《周易·大有》卦则以天象说道：“火在天上，大有；君子以遏恶扬善，顺天休命。”

儒家代表人物孔子和孟子与《周易》的善恶观是一脉相承的。

在后来2000余年的儒家文化传承中，儒家治国更是发扬光大了《周易》的这种善恶逻辑，对中国社会、儒家文化圈产生了巨大影响。

5.行为指导逻辑

“致良知下的知行合一”行为指导逻辑是王阳明先生的学术结晶，易经中并未明确提出。

但王阳明学术思想的提出，本身即是建立在《周易》思想的基础上，因为易经本为儒学思想最重要的根基。

03

我们发现易经的六十四卦是基于中国特有地理气候特征形成的人本时空模拟系统。

在这个模拟系统中，考虑了64个大状态386种情况变化以及1930种可能的结果。

对于人类社会这已经足以满足各种需要，对于普通人这已经是穷其一生也都难以完全经历，也因此导致掌握了易经的人能轻易占据高位，无异于降维打击。

另外，由于易经及其背后的阐述严格遵循了积极向上的是非善恶逻辑，并直接导致致良知知行合一行为逻辑的产生，因此在现代社会中易经一定具有积极向上的实践及指导意义。

当然，从上述探讨可知，非中国地区如果想适用的话，一定要重新定义并排序其先天后天八卦的含义，进而导致卦辞爻辞的重新建构，该点不可不慎。

04

具体应用中，不建议轻易采用摇卦、数字起卦、时间起卦、方位起卦等随机起卦方式，因为其背后的逻辑性、科学性还需要验证。而且由于易经系统的完整性，各种方式得出的卦态本身都具备相当高度的辩证性、哲理性。因此随着认可度的不断提升，这种状态下很可能会导致神秘性、宿命性、非逻辑性结果的出现。

建议回归内外因六元素时空模拟系统本源，对事物内在的天地人三元素及外部的天地人三元素分别予以分析判别，根据其强弱、利害、有无确定其阴阳状态，从而得出其卦象。再根据六元素中最可能变化的元素，分析出事物状态中的变爻，进而参考易经中根据该卦态和变爻进行的论述。

最后则根据该状态进行推演、预测、选择、决策、制定应对预案。

易经与系统模拟及现代应用

01

易经很神秘，很厉害，但如何科学地应用？

通过五层逻辑分析，我们发现易经六十四卦是基于中国特有地理气候特征形成的以人为本的时空模拟系统。

在这个模拟系统中，考虑了64个大状态、386种情况变化、1930种可能的结果，是一个非常复杂的模拟系统，完全可以覆盖我们的日常生活及发展需要。

另外也可以发现在易经的卦爻辞解读中，始终贯彻了以隐含良知的善恶逻辑为基础，通过“吉凶悔吝咎”的五种是非判断逻辑，进而辩证地阐释了各状态内部变化的逻辑，并最终以简单直接的外部表观逻辑呈现出一个人本时空模拟系统。

因此可以说易经思想体系形成并发展成了一个成熟、系统、辩证、完善的逻辑体系，可以经得起现代思想的验证。

但在历史的长河中，由于各种各样的原因，易经不可避免地掺杂了一些神秘、伪科学、非逻辑的元素在内。

只要坚持以科学的逻辑思想校验，去芜存菁，易经在现代社会中一定具有正面、积极、向上的实践及指导意义。

02

完整的易经模拟评估分析过程应有八个步骤。

第一步　确定目标

确定需要探究的事物。

该事物可以是人、事、团队、企业、项目，只要是能清晰定义、单独分类的事物即可。

第二步　确定六要素（关键步骤）

对该事物进行六要素分类。

内部三要素：事物内在基础条件（地元素），事物内在主观能动性（人元素，思想、认知、文化、态度等），事物内在制度架构法则逻辑体系等（天元素）。

外部三要素：事物所处外部系统的基础条件（地元素），事物所处外部系统同周边的交流互动沟通认可能力（人元素），事物所处外部系统的宏观中观微观环境（天元素）。

这个过程中，如何准确地识别并确定具体的六要素是一个需要摸索的过程。

在复杂事物的六要素指标确认时，有可能需要将每个要素继续分成若干子要素进行统合分析。

指标选择过程中，可以采用经验类推法、相关人员小组讨论法、专家个人判断法、专家会议法、德尔菲法、征兆指标分析法、点面联想法等一些相对成熟的定性分析法。

实际上在很多复杂事物的立项决策中，都是采用这些现代定性处理方法。但不同的是后者没有建立在易经的人本时空模拟系统的架构下开展工作，也可能无意识会触及到，可后续却很难再凭经验达到易经完整逻辑体系的高度。

第三步　分析六要素（定性分析）

对六要素逐项进行强弱、利弊、有无、高低、多少、主次分析，确定其阴阳状态。

同样这个过程也需要根据复杂程度采用上述适合的定性分析法。这个过程一般建议采用个人打分法、相关人打分法、专家打分法、问卷调查法。

举例示之。如，对某事物通过上述定性分析工作后，其分析结果为：

内在基础好，内在主观能动性强，内部体系建设完善；外部基础弱，外部关系不佳，外部环境不利。

第四步　识别卦象状态

根据六要素阴阳状态判断事物当前状态。

接上述举例，六要素分别呈现为：内卦，地阳、人阳、天阳；外卦，地阴、人阴、天阴。即内卦为乾卦，外卦为坤卦；内为天，外为地。

地上天下，卦态为地天泰卦。也即分析得出目前该事物处于泰卦状态。

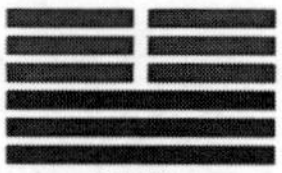

【泰卦】

通过查询“地天泰卦”，可以很容易找到易经中泰卦的阐释。

泰卦原文：泰，小往大来，吉亨。象曰：天地交，泰。后以财（裁）成天地之道，辅相天地之宜，以左右民。白话文解释：由小而大，由微而盛，吉利，亨通。《象辞》说：天地交感，是泰卦的卦象。君子观此卦象，裁度天地运行的规律，辅助天地的造化，从而支配天下万民。

接下来会查到很多大师的解释，都可以仔细揣摩，尤其是该卦态哲理性的阐述都非常值得深入思考。

可以发现，泰卦状态是非常好的状态，包括否极泰来、三阳开泰等成语皆来源于此。

这个同我们的日常感觉也是相符的，尽管外部环境恶劣至极，但内在各方面却保持良好，能做到自强不息，一定可以逆流而上、攻坚克难。但反过来说，内部天地人三要素都要保持良好的状态，的确需要长时间积累以及坚韧不拔的意志。

第五步　分析变动要素

根据第三步的定性分析，继续判断当前状态下最容易变动的因素，即找到变爻。

接着上述案例，假设发现当前状态下该事物的外部“人”要素会发生变化，极大可能会从不佳向良好转化。

查到应是对应泰卦的第五爻动（从下往上数），由于是阴爻即称之为六五爻（如果是阳爻则称之为九五爻，六九之数在中国数字语境中本代表极阴极阳）。因此可以继续查到泰卦的六五爻阐释。

泰卦六五爻辞：六五，帝乙归妹，以祉元吉。《象》曰：以祉元吉，中以行愿也。白话文解释：殷帝乙嫁女于周文王，因而得福，大吉大利。《象辞》说：得福大吉，因为六五之爻居上卦中位，像人行事得中正之道，所行必遂。

卦辞爻辞的状态描述基本是周文王为代表的圣人们的经验阐述。

由于经过了漫长的时间及实践考验，因此这些状态阐述及变化推演具有非常高的参考、借鉴、学习、总结意义，万不可忽视。

如果同自身的实践经验结合，一定能找到其真正的价值及实际用途。

另外，我们探讨的是一个要素变动。实际生活中，在一些复杂局面下，很可能是两个、三个乃至更多的要素同时变化，这时一般是以最高位要素变化来看，结合其他几个要素变化进行参考。

但出现这种局面，很大可能性为在前述分析过程中未能清晰地识别出主要矛盾及次要矛盾。需要谨慎对待。

第六步　分析变化后状态

接下来要分析事物状态的变化。即该卦象的变爻发生阴阳转化后的状态是什么，一定要提前预判并做准备。

接上述案例，若泰卦六五爻变化了，变为：

内卦，地阳、人阳、天阳。

外卦，地阴、人阳、天阴。

内卦为乾卦，外卦为坎卦；内为天，外为水。水上天下，卦态为水天需卦。

可以接着查需卦的解释。

需卦：需。有孚，光亨，贞吉。利涉大川。象曰：云上于天，需；君子以饮食宴乐。白话文解释需卦：抓到俘虏。大吉大利，吉利的卜问。有利于涉水渡河。《象辞》说：需的上卦为坎，表示云；下卦为乾，表示天。云浮聚于天上，待时降雨而滋润万物是需卦的卦象。君子观此卦象，可以宴饮安乐，待时而动。

通过这样分析，可以看出，从目前泰卦状态六五爻转化为需卦后的未来状态描述及相应的行为指导。

第七步　分析复杂性

复杂局面下，由于事物本身的错综复杂性，还需要对事物目前状态正卦的错卦（各要素阴阳全部转化对调，代表困惑的危机及转机）、综卦（正卦旋转一百八十度，代表从对方或第三方的观点来看的状态）、互卦（正卦去掉上爻初爻，由五四三爻同四三二爻组成的新卦，代表困惑的症结点）一一进行分析判断。

接上述案例，泰卦的错卦、综卦、互卦分别为天地否卦、天地否卦、雷泽归妹卦。

本处不再一一展开了，有兴趣的话可以自行查阅体会。

第八步　分析主动应变必要性

到此为止了吗？

在上述案例中，泰卦状态是个非常好的状态，单一要素无论怎样变化，其结果都不会差。

当然其前提一定是奉行良知善行才可以。

但如果处于糟糕的状态之中，如水山蹇状态，此时步履维艰、困难重重。

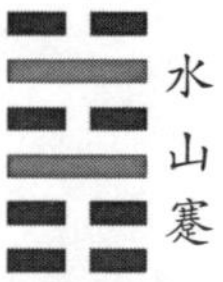

第三十九卦

这时各要素无论怎么变都不会好过，但是如果仔细分析，如果能主动求变，主动求得内部基础条件（地元素）的改善，即主动让内部基础发生好的变化，那卦象状态就可以变为水火既济卦了。

这样好了很多，但可能还是未能达到要求，如果能够继续通过努力使内部“人”要素转化为良好状态，那整个状态可以变为水天需了。

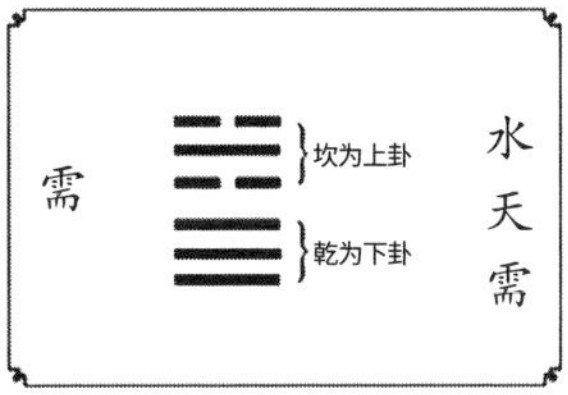

从“水山蹇”状态到“水火既济”状态再到“水天需”状态，这个过程已经远远不是普通人能做得到的了。不过任何时代又总是有非普通人出现。

这一点本文也不再继续探讨，只是指出通过这样的系统完整的变化哲学思想指导，将会极大地提升自身的认知、决策、行动能力。

总之，易经思想体系是一个成熟、系统、辩证、完善的逻辑体系，只要坚持以现代科学的逻辑思想校验，去芜存菁，易经在现代社会中一定具有极高的实践及指导意义。

当然更希望在每个行业中都能逐步细化、完善出适合自身情况的这种人本时空模拟系统，也能够形成符合自身实际情况的话语逻辑体系。

毕竟易经已是数千年前经验智慧的总结了。

第二章 企业应用篇

文化的融合

01

现代企业是西方社会、经济、文明发展的产物，是现代社会的重要组成部分，更多地体现着西方思维。但随着现代科技的高速发展，社会基础的变化更替，很多原有的管理、运营、监督体系逐渐呈现出一些问题。

以西方思维为基础建立的现代文明，对于事物外部表观逻辑、内部基本逻辑、是非逻辑有着清晰、科学的认知，但对于善恶逻辑及行为指导逻辑的较简单处理和不充分认知，逐步导致现代文明的一些困局。

02

现代中国企业更多脱胎于西方文明。同后者一样，在成为大型企业、公众企业后，企业家、职业经理人善恶逻辑及良知行为逻辑的缺失将产生极为严重的社会问题。

中国传统文化由于历史及人为原因，对于事物内部基本逻辑及是非逻辑的研究未能深入开展，但却在更高层级的善恶逻辑及行为指导逻辑上进行了完善。不过很多时候直接以善恶伦理逻辑代替内部基本逻辑及是非逻辑来指导行为，导致了逻辑层次的跳跃。

随着西方思维处理复杂社会性问题的无力感显现，东方传统思维中深层次的善恶观及良知行为观将越来越成为现代社会的发展借鉴。

需要做的是，建立在理性科学的基础之上将东方思维与西方思维有机嫁接。

这个过程，需要认真梳理出中国文化中能够同现代企业有机融合并应用的内容。

03

两者的有机融合可以归结为：企业生两权，两权分三权；三权对三才，三才有内外；理念有五大，专能归五行；基础呈八态，复杂循易理；易理出良知，融合创新高。

企业生两权

企业创建后，随着逐步发展，权利会分化为所有权和经营权，分别由企业大股东及管理层掌握。

两权分三权

企业继续发展，两权会分化出三权，即所有权、经营权和监督权，监督权由企业本身规范及外部监管需要产生。

三权对三才

企业大股东、企业、管理层及其所代表的所有权、监督权、经营权分别可以对应企业内部的天地人三才元素，并应各自遵循自身的天之道、地之道、人之道，从而明确定位、开展工作。经营权需要监督权制约，监督权需要所有权切分，所有权则需要道德及法律约束。

三才有内外

对于企业来说，除了受制于内部的各种因素影响外，还更多地受制于各种外部因素影响。企业除内部三才外，还有外部三才，分别为外部环境、外部关系、外部基础。

理念有五大

企业也应有五大发展理念，即创新发展、协调发展、绿色发展、开放发展、共享发展。五大理念在企业中分类属性可以近似对应为火金木土水。五行分类的好处是，可以把僵硬的概念转化为有机的系统，进而可以发现五大理念之间的辩证性、统一性、完整性、科学性、系统性、内在关联性。

专能归五行

对于企业来说，技术研发可以归为木元素，市场营销、投融资等可以归为火元素，生产运营可以归为土元素，行政人事、证券事务、合规风控等可以归为金元素，财务管理、信息管理等可以归为水元素。

如同自然界的“木火土金水”，可以借鉴五行关系法深入辨析出职能部门之间的有机联系。

基础呈八态

由于天地人三元素各有强弱之分，因此可以通过对企业核心三才元素的强弱分析，从而比照三才演化的基础八卦状态进行企业的基础状态分析评估。

基础八卦状态为：乾（☰）、坤（☷）、震（☳）、艮（☶）、离（☲）、坎（☵）、兑（☱）、巽（☴）。

复杂循易理

企业内部三才元素加上外部三才元素，并评估其强弱状态，进而可以明确企业所处的八八六十四卦复杂状态模拟，再参考卦态的爻辞卦辞结合实际情况进行复杂状态下的预测判断。从而辨析出企业的发展态势、问题所在，进而及时调整。

易理出良知

三才、基础状态八卦、复杂状态六十四卦，其判断评估的准则正是良知行为逻辑指导下的善恶逻辑、是非逻辑。缺乏良知的企业很难走远。良知才是企业突破、产生质变的核心元素。

融合创新高

道不远人，万物有道。要各循其道、各尊其道。只有秉持改革、开放、创新的态度，真正实现各种要素的有机融合、和谐统一才能获得提升，才能开创出新局面。

04

现代企业运营管理过程中，中国文化基于其系统性、有机性、完整性的方法论，可以作为我们管理工作中重要的评估、完善、改进工具。

中国文化能否有机融入现代企业管理，则是当代中国企业需要面对的重要课题。

现代企业需要科学理性的中国化。脱离土壤，完全照搬，基本都是难以长久。

三权与三才

01

现代企业达到一定规模后，随着企业、企业家、职业经理人三者关系的复杂化，其所有权、经营权、监督权三权之间可能会失衡，企业管理可能会反复进入震荡区间。

如果不能形成均衡状态，企业很容易会终止发展、进入危机。而如果不能深刻理解这三大基石间的复杂关系，企业管理将越来越像空中楼阁，想法难以实现、措施难以落地。

中国传统文化中的天地人三才理论，其本质即为事物的三分化分类方法，可以利用三才法构建完整和谐的企业权利均衡理论。

三才本身具有有机性、系统性、逻辑性，因此构建企业的三才理论将有助于理解企业基本权利的定位及其相关的纠葛关系。

02

在天地人三才架构中，对于企业来说：

企业家（大股东）代表着企业的意志、规矩、灵魂，代表着所有权，因此可以更多地归为“天元素”；

职业经理人（管理层）代表着专业、能力、思想、能动性，掌握着经营权，因此可以更多地归为“人元素”；

企业（及普通员工）代表着根本、基础、外在，需要有监督权，因此可以更多地归为“地元素”。

对应关系为：

天—意志—所有权—企业家（大股东）

人—思想—经营权—职业经理人（管理层）

地—基础—监督权—企业（及员工）

经过对企业权利的三才化属性分类，可以明晰其中的作用关系，进而可以套用三才关系进行深入分析。

03

天地人三才之道

《易》之为书也，广大悉备，有天道焉，有人道焉，有地道焉。

是以立天之道，曰阴与阳，立地之道，曰柔与刚，立人之道，曰仁与义。

“人法地，地法天，天法道，道法自然”。法，即法则、取法。

即人法取于地，地法取于天，天法取于道。

关系解读

（1）企业（及普通员工）

为企业“地之道”，是企业的根本与基石。体现为“刚与柔”，需要以“刚柔相济”来适应企业发展的变化及规律。

企业之所以为根本，其道理就在于企业为人（企业所有员工）之母，员工们的衣食、财富、地位，都来源于企业，唯有企业源源不断地产生效益，依附于企业存在的相关各方才能生存发展。

（2）企业家（大股东）

为企业“天之道”，是企业的意志与灵魂。反应为阴与阳、正与负、光与暗，需要“阴阳有序”来体现企业文化的变化及规律。

要讲“地之道”，必须先讲“天之理”。企业家（大股东）要有纲有领，清晰自己的定位职责。企业员工则必须秉承使命、顺势而为，不能率性而为、违规办事，否则就会使企业遭遇灾祸。

同样，企业的天之理，应该也是企业及员工们集体意志的体现。

（3）职业经理人（管理层）

为企业“人之道”，是企业的思想与能力。反应为仁与义、德与能、言与行，需要以“仁义良知”来指引企业运营的变化及规律。

人之道，核心在于行为处世，就是为人要有善心、良心、匠心。人的行为，都是由其认知决定。而人的本身，大多又很容易受到社会浸染、欲望诱惑，利己成分往往多于利他。

因此对于职业经理人来说，需要通过契约进行严格的要求。要求敬天（企业家）、养地（企业及普通员工）；要求遵守法度、承担责任；要求遇有危难，协力相助。

04

阴与阳、刚与柔、仁与义三者都是“对立统一体”，有着不可分割的内在联系。

“一阴一阳之谓道”，“万物负阴而抱阳，冲气（正气）以为和”。这些论断具有高度的概括性与抽象性，对于天道、地道、人道均如此。

如同天、地、人三才之道，企业、企业家、职业经理人需要各有其道、各尊其道，不能混乱、越位、随心所欲、似是而非。同时，三者之间的关系也并非平行、并列，而是有主次、从属之别。这本就是天道、地道、人道的基本要求。

职业经理人需要受制于企业，企业需要受制于企业家（大股东），而企业家则需要受制于道（良知）；同样，经营权需要监督权制约，监督权需要所有权切分，所有权则需要道德及法律约束。

因此，企业经营管理实务中，需要以良知为基础的法律道德来约束企业家，企业家需要及时规范化管理企业，而企业则需要认真监督职业经理人。同样，也需要以良知为基础的法律道德体系来约束企业所有权，从企业所有权中分离出企业监督权，再用企业监督权规范企业经营权。

“三才法”是中国文化重要的应用理论工具。用“三才”来处理企业的三角、三权问题，应该是一种非常好的解决方式。

职能部门的五行关系

01

现代企业达到一定规模后，其管理职能必须细化。基本上可分为技术研发、市场营销、生产运营、行政人事、财务管理等职能部门，另外随着企业继续做大，会再产生投资融资、证券事务、信息数据、合规风控等职能部门。

随着职能部门的增加，企业内部管理的难度也直线上升。处理不当，则企业内部官僚化、形式化、腐败化、内部人化、部门自我强化化、既得利益小团体化等现象层出不穷。任其发展，企业将臃肿不堪，难以前行，应对高级别风险的敏感度及抵抗力会严重下降。

但由于职能部门间的复杂关系，仅凭普通的现代企业管理理论或自身的管理经验，企业管理层将越来越难以招架。

中国传统文化中的五行理论，其本质即为事物的一种五分化的分类方法。

但不同于一般分类方法的是，五行分类后各要素之间还具有辩证统一的内在联系，因此可以利用五行说构建出系统化的企业内部管理理论。

由于五行理论本身的有机性、系统性、逻辑性，能构建出企业的自身职能，五行理论将有助于理解各职能部门的定位及处理相关之间的复杂关系。

很多人也很早提出了企业五行说，各有千秋。结合实际管理经验，本文归纳的职能五行理论应更贴近实际、更具有实践指导意义。

02

对于企业来说：技术研发由于具有生长、伸展、弯曲、舒张的作用，因此可以更多地归为木元素；市场营销、投融资等职能具有向上、火热、引领的作用，因此可以更多地归为火元素；生产运营具有一些承载、受纳、中和、收获的作用，因此可以更多地归为土元素；行政人事、证券事务、合规风控等职能具有收敛、清洁、稳定的作用，因此可以更多地归为金元素；财务管理、信息管理等职能则具有滋润、向下、流动的作用，因此可以更多地归为水元素。

经过对企业职能部门的五行化属性分类，可以明晰其之间的作用关系，进而可以套用五行关系进行深入分析。

03

五行相生作用

木能生火，火多木焚；火能生土，土多火晦；土能生金，金多土弱；金能生水，水多金沉；水能生木，木多水缩。

强木得火，方泄其英；强火得土，方敛其焰；强土得金，方化其顽；强金得水，方挫其锋；强水得木，方缓其势。

木赖水生，水多木漂；水赖金生，金多水浊；金赖土生，土多金埋；土赖火生，火多土焦；火赖木生，木多火炽。

关系解读

以研发促营销，以营销促生产，以生产促后台，以后台（监管）促资金（财务），以资金促研发。

研发加营销，研发更科学；营销加生产，营销更高效；生产加后台，生产更畅顺；后台加资金，后台更有力；资金加研发，资金更持久。

营销过，则研发失；生产过，则营销困；后台过，则生产难；资金（财务）过，则后台偏；研发过，则资金缺。

04

五行相克作用

火旺得水，方成相济；水旺得土，方成沼泽；土旺得水，方能疏通；木旺得金，方成栋梁；金旺得火，方成器皿。

火能克金，金多火熄；金能克木，木坚金缺；木能克土，土重木折；土能克水，水多土流；水能克火，火炎水灼。

火弱逢水，必为熄灭；水弱逢土，必为淤塞；土衰逢木，必遭倾陷；木弱逢金，必为斫折；金衰遇火，必见销熔。

关系解读

强营销加资金（支持），能相济；强资金加生产（支持），得地盘；强生产加研发（支持），能通畅；强研发加后台（支持），成体系；强后台加营销（支持），能承载。

营销过，则资金失；资金（财务）过，则生产困；生产过，则研发失；研发过，则后台难；后台过，则营销失。

弱营销遇强财管，难营销；弱资金（财务）遇强生产，会流滞；弱生产遇强研发，难生产；弱研发遇强后台，无研发；弱后台遇强营销，会销熔。

05

如同自然界的“木火土金水”五行关系，企业的研发、营销、生产、后台、财务等职能部门之间也存在着五行关系。

通过这种五行关系解构，可以很清晰完整地解构出各职能部门之间的内在联系。其意义在于，只有理解了五行间的逻辑关系、整体关系、平衡关系，企业才能顺畅发展，才能为螺旋式上升打好基础。

企业管理中需要准确识别这些基于五行的复杂关系，任何偏颇、曲解、应付都是不正确的。

管理很复杂，但也很简单，核心是认识到“复杂下的简单”。

企业理念与五行

01

创新发展、协调发展、绿色发展、开放发展、共享发展这五大发展理念一样也适用于企业的发展提升。

对于企业来说，“创新”具有向上、火热、引领的作用，因此可以更多地归为火元素；“协调”具有收敛、清洁、稳定的作用，因此可以更多地归为金元素；“绿色”由于具有生长、伸展、弯曲、舒张的作用，因此可以更多地归为木元素；“开放”发展具有一些承载、受纳、中和、收获的作用，因此可以更多地归为土元素；“共享”则具有滋润、向下、流动的作用，因此可以更多地归为水元素。

经过对适用企业的五大发展理念的五行化属性分类，明晰其中的作用关系，则更便于企业管理实践中的深度理解、辩证应用、科学决策。

02

五行相克正向作用

创新强，则共享多；共享多，则更开放；更开放，则绿色强；绿色强，则更协调；更协调，则更创新。

创新加共享，方能相济；共享加开放，方得领域；开放加绿色，方能通畅；绿色加协调，方成栋梁；协调加创新，方成气候。

五行相克反向作用

协调过，则创新失；创新过，则共享失；共享过，则开放少；开放过，则绿色失；绿色过，则协调难。

弱协调去创新，会失衡；弱创新去共享，无创新；少共享去开放，会淤塞；弱开放去绿色，更闭塞；弱绿色去协调，无绿色。

03

五行相生正向作用

以创新促开放，以开放促协调，以协调促共享，以共享促绿色，以绿色促创新。

创新加开放，创新更有效；开放加协调，开放更有序；协调加共享，协调更有力；共享加创新，共享更持久；绿色加创新，绿色更优质。

五行相生反向作用

开放过，则创新压；协调过，则开放难；共享过，则协调偏；绿色过，则共享少；创新过，则绿色失。

04

创新发展、协调发展、绿色发展、开放发展、共享发展这五大发展理念由于其高度的辩证性、统一性、完整性、科学性、系统性、内在关联性，同样也适用于构建企业的完整科学发展理念。

同样，在企业中也必须完整、准确、全面贯彻这些理念，任何偏颇、失衡、曲解、应付都是不正确、不客观、不科学、不负责的。

五大发展理念在企业中分类属性分别对应为火金木土水。这样做的好处是，可以把僵硬的概念转化为有机的系统，从而可以使再复杂的关系都能梳理清楚。中医也正是这样来处理问题的。

五大发展理念对我们非常重要。

企业八大基础状态

01

激烈的市场竞争环境中，企业发展愈加受制于多重因素的影响。

能否在种种约束条件下找到自身最佳管理状态将是企业管理者非常重要的工作。不适合的管理状态一定会对企业的发展造成致命影响。因此，我们对企业内部基础状态的客观评估必不可少。

基础八卦本就是事物的八种基础状态模拟，可以利用基础八卦法构建一套较为系统的基础状态评估理论。这种评估将非常有助于理解企业所处的基础发展状态。

在《三权与三才》一节中，提出企业中的企业家（或大股东）、企业（及普通员工）、职业经理人（管理层）所代表的企业所有权、监督权、经营权可以分别归属于三才中的天、地、人三元素，进而可以通过天地人三才法对企业的权利架构进行分析及匹配。

由于天地人三元素各有强弱、好坏之分，因此可以通过对核心三元素的强弱分析，比照三才演化的基础八卦状态来进行企业的评估。

一般来说，对于各元素的强弱状态判断，可以通过经验法、访谈法、问卷调查法、专家评估法、德尔菲法等定性分析法进行强弱判别确认。

02

对于企业来说：

所有权强、经营权强、监督权强，则比照类似于天元素强、人元素强、地元素强，即可以归属为企业的乾（☰）卦状态。

所有权弱、经营权弱、监督权弱，则比照类似于天元素弱、人元素弱、地元素弱，即可以归属为企业的坤（☷）卦状态。

所有权弱、经营权弱、监督权强，则比照类似于天元素弱、人元素弱、地元素强，即可以归属为企业的震（☳）卦状态。

所有权强、经营权弱、监督权弱，则比照类似于天元素强、人元素弱、地元素弱，即可以归属为企业的艮（☶）卦状态。

所有权强、经营权弱、监督权强，则比照类似于天元素强、人元素弱、地元素强，即可以归属为企业的离（☲）卦状态。

所有权弱、经营权强、监督权弱，则比照类似于天元素弱、人元素强、地元素弱，即可以归属为企业的坎（☵）卦状态。

所有权弱、经营权强、监督权强，则比照类似于天元素弱、人元素强、地元素强，即可以归属为企业的兑（☱）卦状态。

所有权强、经营权强、监督权弱，则比照类似于天元素强、人元素强、地元素弱，即可以归属为企业的巽（☴）卦状态。

经过对企业基础状态的三才演化八卦法分析，可以基本判断出企业所处的基本状态，进而可以套用基础八卦关系进行判断解析。

03

基础八卦状态为乾（☰）、坤（☷）、震（☳）、艮（☶）、离（☲）、坎（☵）、兑（☱）、巽（☴）。

乾，健也；坤，顺也；震，动也；巽，入也；坎，陷也；离，丽也；艮，止也；兑，说也。

天地定位（乾与坤），雷风相薄（震与巽），山泽通气（艮与兑），水火不相射（坎与离）。

状态解读如下。

坤（☷）卦状态

代表地，企业管理上特质为“顺”，即“地势坤，君子以厚德载物。”

对于企业来说，此时企业家、管理层、企业三者皆弱，同时所有权、经营权、监督权三者也皆弱，企业应处于初创生存期，即企业发展七阶段的母体期。

艮（☶）卦状态

代表山，企业管理上特质为“止”，停下，如同爬山。

对于企业来说，此时企业家强、管理层及企业二者弱，同时所有权强、经营权及监督权二者弱，企业应处于基本发展期，即企业发展七阶段的赋能期。

该状态下企业发展要谨慎，当行则行，当止则止；当说则说，不当说则不说。卦象之山，强调的就是止的力度。

震（☳）卦状态（不正常状态）

代表雷，企业管理上特质为“动”，震动、震荡，如同打雷。

对于企业来说，此时企业家弱、管理层弱、企业强，同时所有权弱、经营弱、监督权强。

该状态较为少见，属于不正常的企业状态，此时企业可能处于发展期或成熟稳定期，一旦出现这种状态，企业将很难开展正常运营。但另一方面，该状态下可以借此重新洗牌，在企业内部进行清理冗余、清除污浊工作。

巽（☴）卦状态

代表风，企业管理上特质为“入”，如长风不绝，无孔不入。

对于企业来说，此时企业家强、管理层强、企业偏弱，同时所有权强、经营权强、监督权弱，企业应处于高速发展期，即企业发展七阶段的催化期。

该状态下，企业发展较为顺达，但尚需注意隐伏，顺从（市场、客户、外部监管等）才能受益。

乾（☰）卦状态

代表天，企业管理上特质为“健”，强健，即“天行健，君子以自强不息。”

对于企业来说，此时企业家、管理层、企业三者皆强，同时所有权、经营权、监督权也三者皆强，企业应处于繁荣向上期，即企业发展七阶段的体验期。如三权能高度和谐统一的话，企业应处于高度发达的基业长青期，即企业发展七阶段的终极大道期。

该状态下，企业发展进入最佳状态。

兑（☱）卦状态

代表泽，企业管理上特质为“悦”，愉快，欢乐，喜悦而显现。

对于企业来说，此时企业家偏弱、管理层强、企业强，同时所有权偏弱、经营权强、监督权强，企业应处于繁华体现期，即企业发展七阶段的形意期。

该状态下，尽管企业家（大股东）偏弱一些，但由于经营权及监督权的互相促进，企业整体状态反而更为健康。

离（☲）卦状态

代表火，企业管理上特质为“丽”，有艳阳高照、前途光明之意，所谓“日月丽乎天”。

对于企业来说，此时企业家强、管理层弱、企业强，同时所有权强、经营权弱、监督权强，企业应处于盘整发展期，即企业发展七阶段的蜕变期。

该状态下，由于企业家（大股东）的强势，再加上监督权的强约束，企业处于强势表现阶段。

实际情况中，该状态为不稳定状态。

一方面往往企业家的强势很难持续维持住包括对自身约束的强监督权状态，很容易蜕变为艮卦停止状态；另一方面，处于强约束状态下的持续监督权又很容易导致代表股东利益的所有权缺位，很容易蜕变为震卦动荡状态。

现实中，前者情况多见于民企，后者情况多见于国企。

坎（☵）卦状态（不正常状态）

代表水，企业管理上特质为“陷”，即陷进水坑、前景艰险之意。

对于企业来说，此时企业家弱、管理层强、企业弱，同时所有权弱、经营权强、监督权弱。该种状态较为少见，也属于不正常的企业状态，此时企业可能处于稳定发展阶段的危机期，也属于企业发展七阶段的蜕变期。

一旦企业进入这种状态，需要谨慎对待，需要等待时机，不可轻举妄动。主要因为该状态下缺乏所有权及监督权制约的强大企业管理层，很大可能会以自身利益最大化为导向损害企业利益。

企业要么会在管理层弱化清洗后进入坤卦初始状态，要么会在管理层取得所有权之后进入巽卦顺达状态。

04

对于民营企业来说

能够约束住自身所有权的监督权，很难持续存在，监督权常常处于恒弱状态。

因此，企业基本处于坤（☷顺）、艮（☶止）、巽（☴入）、坎（☵陷）四个状态。

如果企业家对所有权基本不放手，则企业基本处于艮（☶止）、巽（☴入）两个状态。

不管四个状态还是两个状态，企业其实都很容易陷在某一阶段，无法获得突破。

对于国有企业来说

由于企业全民国有性质，能够约束所有权、经营权的监督权（压力）持续存在，监督权处于恒强状态。

因此，企业基本处于震（☳动）、兑（☱悦）、离（☲丽）、乾（☰健）四个状态。企业可以发展得庞大而华丽，需要防范的是经营权、所有权缺失造成的震卦动荡状态。

另外如果国资管控不成熟，所有权也缺失的话，会使企业处于震（☳动）、兑（☱悦）两个状态，如果经营团队反复更替，则企业基本表现为震荡同发展之间的不断交替。

05

基础八卦对应状态如下：

乾（☰）—健—天、人、地三阳—所有权、经营权、监督权三强—企业家、管理层、企业三强

坤（☷）—顺—天、人、地三阴—所有权、经营权、监督权三弱—企业家、管理层、企业三弱

震（☳）—动—天阴、人阴、地阳—所有权弱、经营权弱、监督权强—企业家弱、管理层弱、企业强

艮（☶）—止—天阳、人阴、地阴—所有权强、经营权弱、监督权弱—企业家强、管理层弱、企业弱

离（☲）—丽—天阳、人阴、地阳—所有权强、经营权弱、监督权强—企业家强、管理层弱、企业强

坎（☵）—陷—天阴、人阳、地阴—所有权弱、经营权强、监督权弱—企业家弱、管理层强、企业弱

兑（☱）—悦—天阴、人阳、地阳—所有权弱、经营权强、监督权强—企业家弱、管理层强、企业强

巽（☴）—入—天阳、人阳、地阴—所有权强、经营权强、监督权弱—企业家强、管理层强、企业弱

通过对企业核心三元素的强弱分析，进而可以评估并判别出企业的基础状态。其意义在于，通过对企业基础状态的评估，来发现企业的发展状态、问题所在，并能及时调整、明确方向。

这种评估法可以用于内部评估，可以用于外部投资评估，也可以用于第三方评估。

传统定性评估方法有不少，但都过于简单、随意性强，而基础状态八卦评估法较之更具系统性、逻辑性，如果反过来同传统定性评估法相结合，则更具有科学性、实用性、说服力。

企业六十四种状态评估

01

面对不确定性，我们个人会很惶恐、会焦虑、会想怎么办。

企业更是如此。

任何时候，不能准确判断当前所处状态，肯定非常不利。知己知彼，方能百战不殆。

对于企业来说，在复杂多变的局面中，找到一个可靠的评估预判工具将显得非常重要，至少可以作为重要的借鉴及参考。

易经的八八六十四卦本身即为事物复杂状态的模拟推演。其对于事物复杂状态的变化分析，绝对是非常出色的理论工具。

可以用企业的内外部六要素变化进行系统模拟，借鉴易经的

八八六十四卦，进而可以展开状态识别、变化分析、预测判断。

需要强调的是，任何神秘、不可知、无逻辑、不能追溯、故作高深的应用方式都不值得提倡。

02

我们需要找到企业演化发展的核心元素（主要矛盾）。

企业内部三才

企业家（大股东）代表着企业的意志、规矩、灵魂，代表着所有权，因此可以更多地归为“天元素”。

职业经理人（管理层）代表着专业、能力、思想、能动性，掌握着经营权，因此可以更多地归为“人元素”。

企业（及普通员工）代表着根本、基础、外在，需要有监督权，因此可以更多地归为“地元素”。

由于天地人三元素各有强弱之分，因此可以继续通过对企业核心三才元素的强弱分析，从而比照三才演化的基础八卦状态进行企业的基础状态评估分析。

这种基础八卦状态为：乾（☰）、坤（☷）、震（☳）、艮（☶）、离（☲）、坎（☵）、兑（☱）、巽（☴）。

企业外部三才

企业除了受制于内部的各种因素影响外，还更多地受制于各种外部因素影响。

这些外部众多因素也可以归为三大要素：

天元素——外部环境，即影响企业的各种外部环境，如宏观经济环境、政策环境、政治环境、监管环境、法治环境等。

人元素——外部关系，即影响企业的各种外部关系，如政商关系、客户关系、媒体关系、竞争关系、群众关系等。

地元素——外部基础，即约束企业的各种外部基础，如行业基础、产业基础、市场基础、技术基础、地域基础、人才基础等。

同样，也需要对外部三元素的强弱状态进行评估识别。但由于各元素所含子因素较多，则需要对各子因素逐项评估，最后加权平均得出最终结论。当然，还需要在实践中不断完善。

一般来说，对于各元素的强弱状态判断，可以采用经验类推法、相关人员小组讨论法、专家个人判断法、专家会议法、德尔菲法、征兆指标分析法、点面联想法等一些相对成熟的定性分析法。

03

企业内外三才状态叠加

通过对外部三元素的强弱评估，叠加内部三元素的强弱评估，即可以形成完整状态的事物卦象状态描述。

排序方式为外部在上，内部在下。从上至下依次排序为外部天元素、外部人元素、外部地元素、内部天元素、内部人元素、内部地元素。

如：若内部三元素全阳，外部三元素全阳，查询全卦图，此时状态即呈现为乾卦状态；若内部三元素全阳，外部三元素全阴，查询全卦图，此时状态即呈现为泰卦状态。

实际应用中，可以按照上述方法，根据企业六大主元素强弱状态，对应找到该状态下的整体状态描述。

其意义为，通过这个过程得出的易经六十四卦是基于企业内外部因素评估的状态模拟系统。

这个系统中，考虑了64个状态386种情况变化以及1930种可能的结果，对于企业已经足以满足各种需要了。

状态评估

根据评估得出的整体卦态，则可以参考易经中的相应卦辞描述，再判断六要素中最容易变动的要素，则可以将该要素确认为变爻，进而参考该变爻的爻辞描述。

易经中卦辞爻辞的状态描述基本是周文王的经验阐述及后来儒家大贤们的补充完善。

由于经过了漫长的时间及实践考验，因此这些状态阐述及变化推演具有相当高的参考、借鉴、学习、探究意义。

如果能同自身的实践经验相结合，一定能发现其真正的价值及实际用途。

可能的话，如果通过集合各种实际案例，根据这些实际案例分析六十四卦状态下的实际演变过程，经过提炼及不断完善，结合易经的传统描述，则可以形成具有现代指导意义的《现代企业版易经状态评估实用手册》。

04

完整评估过程，可以采用八步易经模拟评估法。

简单举例，假设经过上述分析评估，企业处于泰卦状态。

此时企业面临着外部环境、外部关系、外部基础全部不利的局面，但企业自身内部却保持全佳的态势。

该状态下：

泰，小往大来，吉亨。象曰：天地交，泰。后以财成天地之道，辅相天地之宜，以左右民。

解释：

由小而大，由微而盛，吉利，亨通。《象辞》：天地交感，是泰卦的卦象。君子观此卦象，裁度天地运行的规律，辅助天地的造化，从而支配天下万民。

可以发现，泰卦状态下，尽管外部环境恶劣至极，但内在各方面却保持良好，能做到自强不息，一定可以收获成果。

若发现当前状态下企业外部关系可能会从不佳向良好转化，对应泰卦的第五爻动（下往上数），则可参考爻辞为：

爻辞：六五，帝乙归妹，以祉元吉。象曰：以祉元吉，中以行愿也。白话解释：殷帝乙嫁女于周文王，因而得福，大吉大利。《象辞》：得福大吉，因为六五之爻居上卦中位，像人行事得中正之道，所行必遂。

在企业所处复杂局面下，还需要对目前卦态的错卦、综卦、互卦进行分析判断。

本例中，泰卦的错卦、综卦、互卦分别为天地否卦、天地否卦、雷泽归妹卦，可以借鉴体会。

此外，还需要对泰卦状态中包含的三易（不易、简易、变易）及五要点（理、像、数、通、变）进行探究。

05

通过对企业内部核心三元素及外部核心三元素的强弱分析，进而可以评估判别出企业当前所处的复杂局势下的整体状态。

其意义在于，通过对企业整体复杂状态的评估，来发现企业的发展状态、问题所在，并能做出提前预判，从而及时调整、明确方向。

这种系统性定性评估法可以用于内部评估，可以用于外部投资评估，也可以用于第三方评估。

传统的定性评估方法有不少，但都过于简单、随意性强，进而实用性弱、说服力差。而复杂状态的易经六十四卦评估法较之更具系统性、逻辑性，如果反过来再同传统定性评估法、实际案例、实际数据互相印证结合，则更具有科学性、实用性、说服性。

第三章 案例应用篇

公司核心竞争力调查及战略评估

一、调查问卷

公司核心竞争力调查及战略评估

（节选）

公司外部环境整体评估

公司外部宏观环境	对公司有利□不好判断□对公司不利□
公司外部人际关系社交环境	强□ 不好判断□弱□
公司外部行业基础	强□ 不好判断□弱□

公司内部环境整体评估

高层领导能力、统筹及应变能力，制度及体系适应性	强□不好判断□弱□
中层领导管理能力、团队精神、业务能力	强□不好判断□弱□
业务基础、员工执行力、人才梯队建设	强□不好判断□弱□

二、调查结果分析案例一（节选）

公司内外部环境评估

评估1：2010年中期公司所面对的整体内、外部环境仍较为有利，但需要注意的是认为公司内部、外部环境有利的比例较2009年底

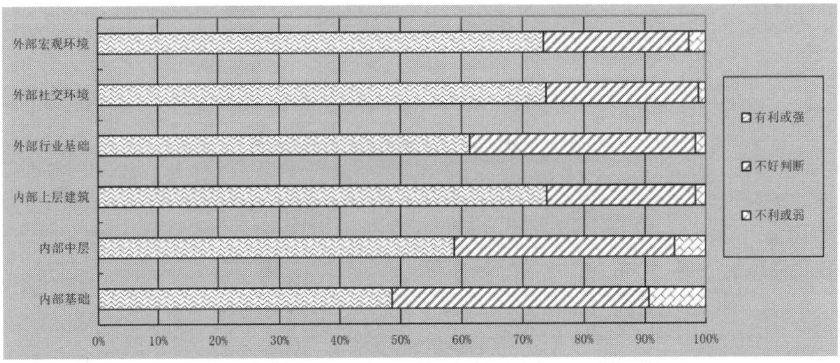

图1　2010年7月公司内外部环境评估（天风姤）

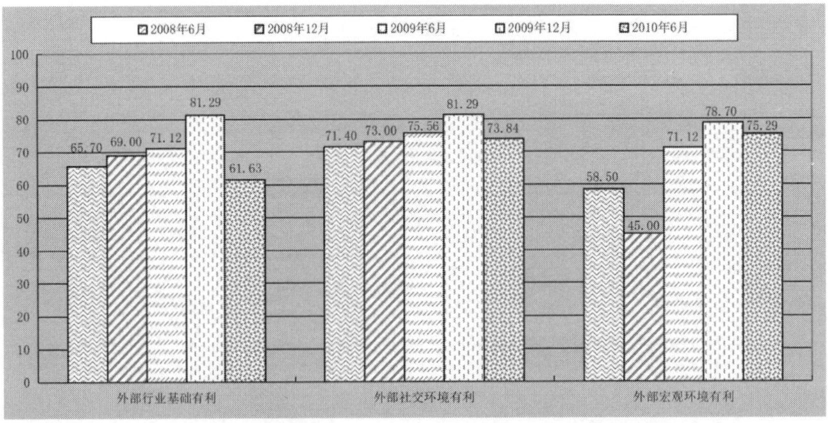

图2　公司面临的外部三项环境有利的历次调查数据比较

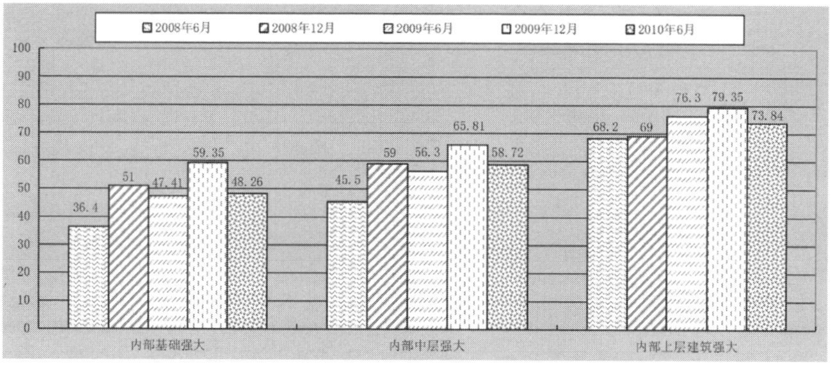

图3　公司内部三项环境强大的历次调查数据比较

有所下降，特别需要关注的是认为公司内部基础（含业务基础、员工执行力、人才梯队建设等方面）较强的数据不足一半且有所下降，并且也是历次调查中六项环境中表现最差的一项。

评估2：整体来看，目前公司内外部环境仍处于较为强势的位置，但与去年内外均衡高速发展的局面相比，2010年开始出现见顶的苗头，主要体现在内部基础上，需要高度关注并及时夯实，否则有可能导致盛极而衰的局面发生。

整体评估

内外部环境评估：目前公司所面对的整体内外部环境仍较为有利，继续处于强势位置，但开始回落。需要高度关注公司内部基础环境的变化。

其他说明

公司仍然处于良好的发展势头，但全面领先、全面提升的调查结论一方面真实反映出公司的良好发展情况，但另一方面也反映出公司内部有可能逐渐滋生出骄躁、乐观、大企业病的情绪。

随着公司的超高速发展，内部基础是否夯实越来越成为制约公司继续发展的瓶颈，必须回过头加大力度强化内部基础建设。万丈高楼平地起，内部基础的好坏直接决定了公司发展的速度及高度。

三、调查结果分析案例二（节选）

公司内外部环境评估

评估1：较2008年比较，2009年中期公司所面对的整体内、外部环境均较为有利，其中变化较大的是内部基础及内部中层，均在向有利的方向进行变化。

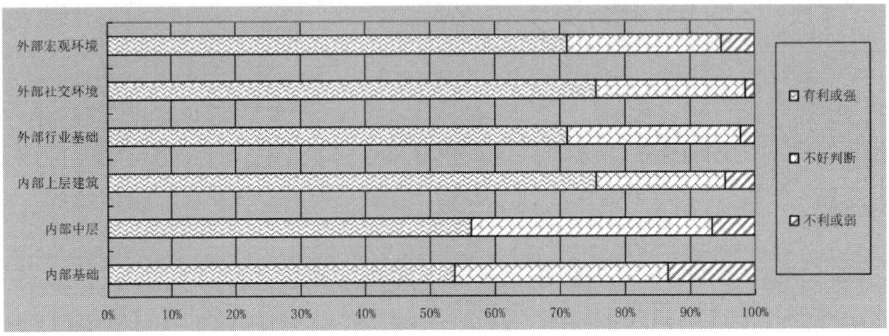

图1　2009年6月公司内外部环境评估（乾）

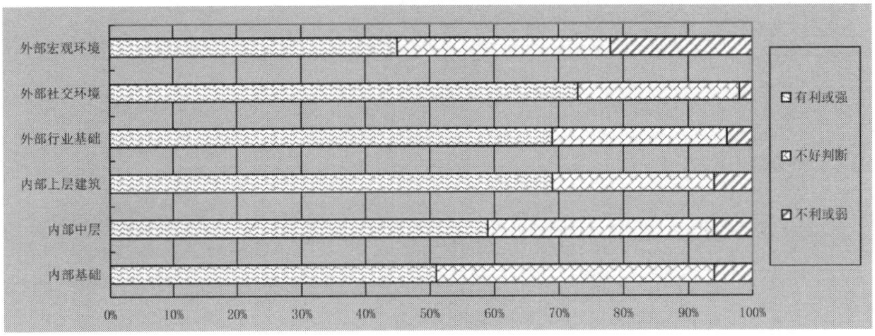

图2　2008年12月公司内外部环境评估（泽天夬）

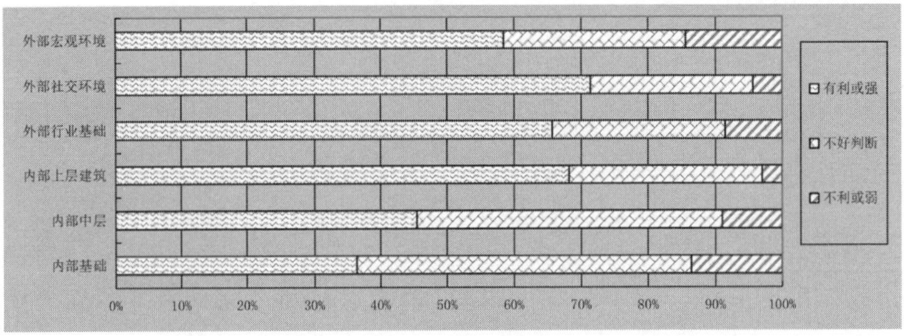

图3　2008年6月公司内外部环境评估（天山遁）

评估2：整体来看，目前公司内外部环境处于比较有利的位置，与去年内外略显失衡的局面相比，2009年大为改善，并初步呈现出内外均衡的格局。

整体评估

内外部环境评估：目前公司所面对的整体内、外部环境均较为有利，需要继续促进内部基层及内部中层建设方面向有利的方向转化，但需要高度关注外部宏观环境的变化。

其他说明

调查中，不论是核心技能、核心资产还是整体竞争力，公司员工普遍认为本公司均全面领先于主要竞争对手，除传统社会资源沟通能力、对外协调能力、企业关系资产等强项继续保持较大幅度领先外（但无提升），其余各项也领先于主要竞争对手，我们认为这是不符合实际情况的，也是往年调查中没有出现过的情况。

可能原因：最近一年来大量新进员工不了解行业实际情况或是公司员工普遍存在盲目乐观情绪，无论是前者还是后者都需要引起管理层的高度重视，特别需要注意后者问题存在的可能性。

四、调查结果分析案例三（节选）

公司内外部环境评估（天山通）

评估1：公司所面对的整体外部环境较为有利，比较突出的还是外部人际社交环境。

评估2：内部环境评估中，对公司的上层建筑认可度较高，但对公司内部的中层支持环境及内部基础环境认可度较低。

整体评估

内外部环境评估结论：外部环境良好，内部基础及支持能力偏弱。此态势下要求企业不能盲目扩张，一定要强化内功、有的放矢、有所取舍。

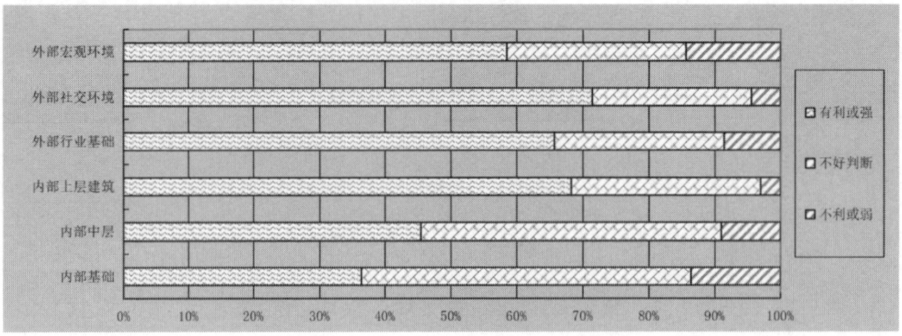

图1　公司内外部环境评估

企业文化及环境调查

一、调查问卷

某年企业文化及环境调查

（节选）

公司内部外部环境整体评估

公司外部宏观环境	对公司有利□ 不好判□ 对公司不利□	高层领导能力、统筹及应变能力，制度及体系适应性	强□ 不好判断□ 弱□
公司外部人际关系社交环境	强□ 不好判断□ 弱□	中层领导管理能力、团队精神、业务能力	强□ 不好判断□ 弱□
公司外部行业基础	强□ 不好判断□ 弱□	业务基础、员工执行力、人才梯队建设	强□ 不好判断□ 弱□

二、调查结果分析（节选）

企业环境调查

1.A公司

（1）2009年A公司整体所面对的内外部环境均越来越有利，且各方面均在向有利的方向发展。

（2）整体来看，目前公司内外部环境处于比较有利的位置，较去年一度出现的内外略显失衡的局面相比，2009年大为改善，已呈现出内外均衡的格局。

（3）目前状态需要继续维持，但需要特别关注宏观政策的变化。

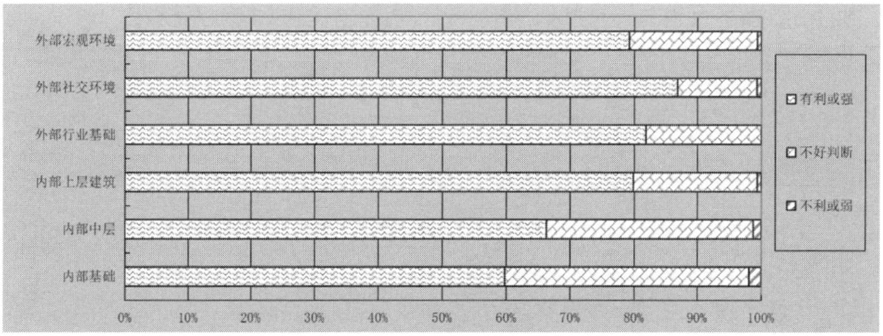

图1　2009年12月公司内外部环境评估（乾）

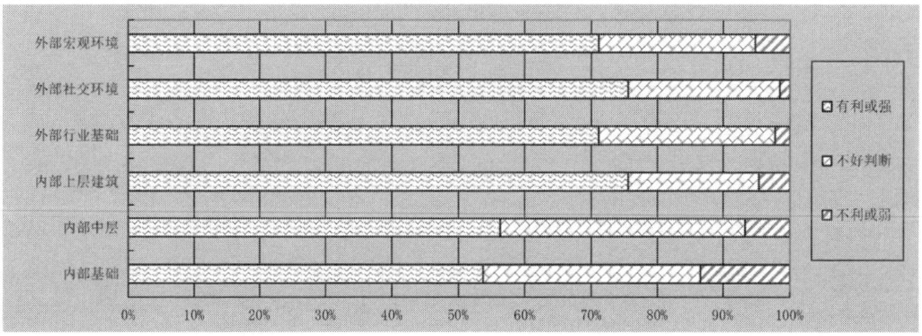

图2　2009年6月公司内外部环境评估（乾）

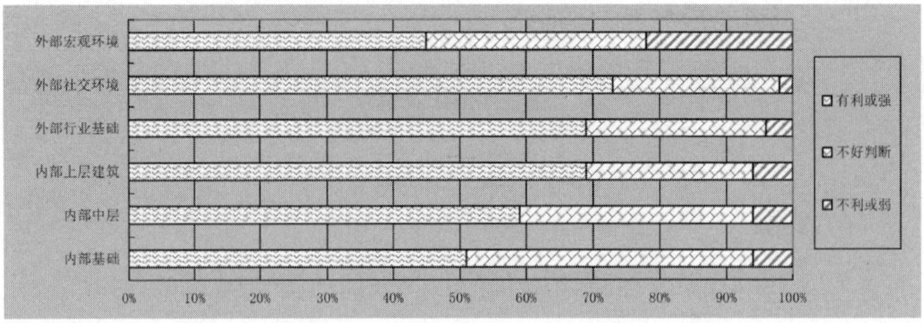

图3　2008年12月公司内外部环境评估（泽天夬）

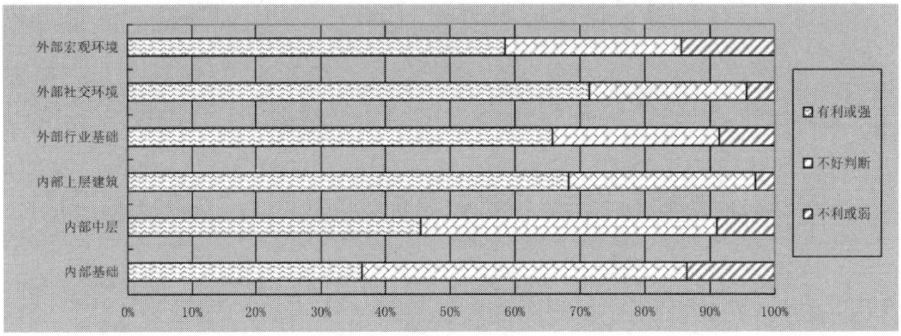

图4　2008年6月公司内外部环境评估（天山遁）

2.B公司

（1）B公司所面对的外部宏观环境、外部社交环境向好的方向转化，但外部行业基础变弱。

（2）内部环境评估中，公司的上层建筑相对较强、中层支持环境变化不大，内部基础环境变弱。

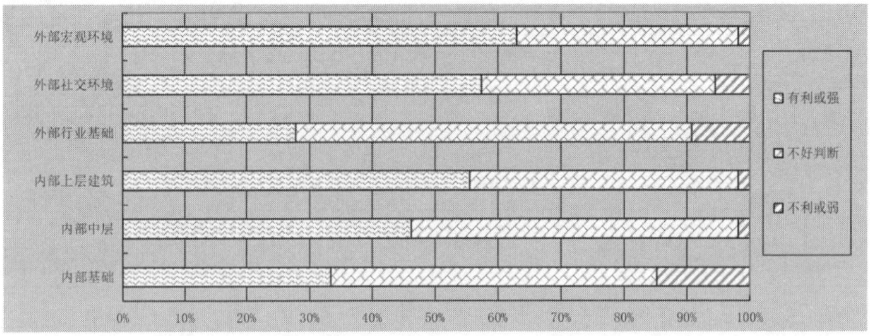

图5　2009年12月公司内外部环境评估（风山渐）

（3）目前发展态势需要稳步推进，不能操之过急，需要在内外基础上整固扎实。

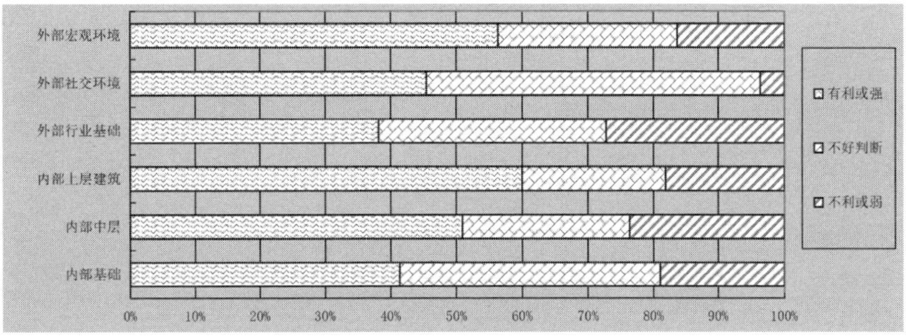

图6　2009年6月公司内外部环境评估（山风蛊）

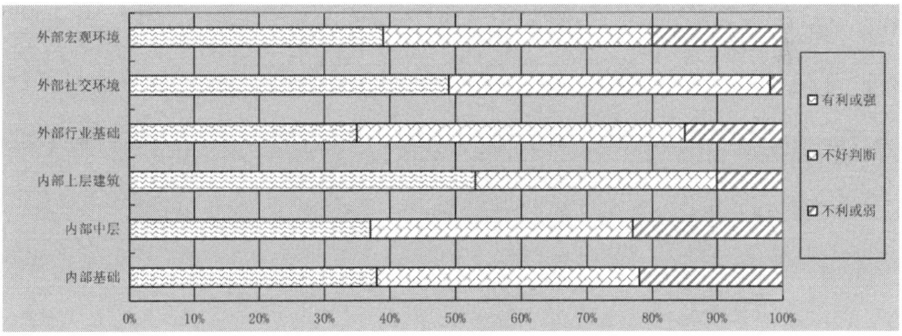

图7　2008年公司内外部环境评估（地山谦）

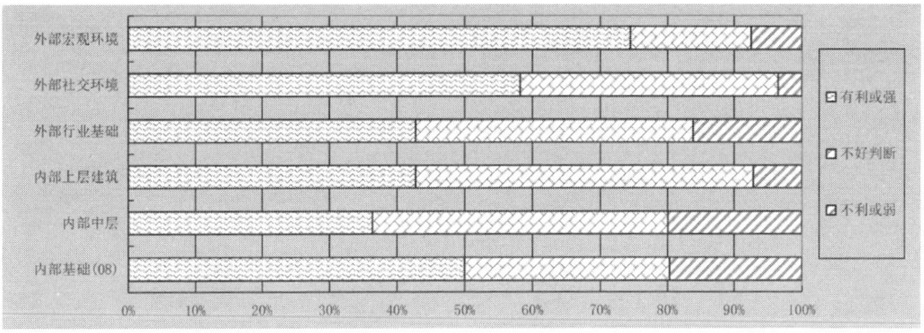

图8　2008年6月公司内外部环境评估（风雷益）

管理杂谈

我们决策的逻辑

引子

01

关于管理，一言难尽。

做员工时，不需要管理，只需要执行，咱凭本事吃饭，当然多想想是可以的。

做了小领导，也不需要怎么管理，只要能把自己的几个人带好，更多的还是执行，不过需要多想想如何把这几个人带好，不然完不成任务。

做了中层领导，除了要用专业能力带好部门，完成上级指令，更多的怕是要应对上下左右的各种关系，情况变得有些复杂，要学学管理了，不然咋能提升？

于是去读MBA。

当系统地学习了企业运营管理、项目管理、战略管理、营销管理、人力资源管理、组织行为管理、财务管理、企业调研方法；当认真地熟悉了SCM、ERP、MRP、CRM、BPR、TQM、JIT、KM、5S、6σ、BSC、Amoeba等一堆洋名词；当努力地掌握了B2B、B2C、C2C、O2O、B2B2C、PPP、EPC、PMC、BIM、DBB等一大把概念；当完成了一篇篇论文，当写了一份份工作思路，终于觉得自己成了哪吒，可以三头六臂叱咤江湖。

02

于是慢慢做了高层，成了职业经理人。

OK了吗？可以凭着这些披荆斩棘了吗？

现实情况往往是：错还是要犯，罪还是要受；问题还是要出，教训还是不断；指标还是无止境，任务还是完不成；流程越来越烦琐，考核越来越精细；官僚越来越严重，关系越来越复杂；别人还是不满意，企业还是会出事。

问题在哪儿？

西方的东西是否适合我们，简单的拿来主义是否过于草率？是否会掉入细节陷阱，是否会忽视事物的本质要素？

于是反思需要两个结合。要同中国文化相结合，更要同一线实际相结合。否则，很可能就无异于“拔着自己的头发离开大地”。

03

通过多年思考，慢慢还是有一些心得体会。

管理必须要有边界，该管的管，不该管的不能管，要有下限与上限概念。

下限是负面清单，是红线，以禁与罚为主；上限是正面清单，是蓝线，以鼓励奖励为主。这些都需要有内在逻辑来支撑。否则可能越管越乱、越乱越管，陷入困局。而且还会导致大家都很累，无所适从。

管理要有底层逻辑，最好是五层完整递进逻辑，它们是：外部表观逻辑、内部基本逻辑、是非逻辑、善恶逻辑、行动指导逻辑。这些逻辑也可以同管理的边界对应起来。

管理到一定程度需要平台化。同样无边界平台不可能存在，平台化必须要有边界。平台的边界管理是重中之重，而且必须要遵循逻辑。边界之内自由发展，边界之外严格管控。边界下限靠是非逻辑，边界上限靠善恶逻辑及良知行为逻辑。

管理的最终核心是决策。决策同样要遵循五层逻辑，分别又对应着关键五性评估：真实性、效益性、合规性、可控性、可操作性。

04

管理需要中国文化。中国企业需要中国文化的加持。

我们需要文化的融合。

一方面，中国传统文化已经渗透在每个中国人骨子里，应该是我们的底层思维认知方式；另一方面，中国传统文化的核心逻辑就是对事物的系统化的分类进行模拟解构，可以抽取这些精髓用于我们的现代企业管理。其中阴阳、三才、五行、八卦、十天干、十二地支、六十四卦实质上就是事物的各种分类方式，而这些分类又不是简简单单的数字分类，更多地体现为事物内生核心元素的演化模拟分类。一旦采用这些分类法，则更能体现出事物的系统性、辩证性、逻辑性。

总之，我们需要管理方面的反思及探讨，总不能白交了学费，或是一直在交学费。徒弟也不能一直当徒弟，总也要成为师傅。

针对上述这些管理问题，本人一直在进行深入反思，并试着进行了一些较深入的探讨。本部分即为这些反思及探讨文章的合集著作。

希望这些思路能给大家一些启发。

第一章
管理篇

决策风险同决策逻辑

01

日常生活中，我们往往更看重执行力及细节。

工作，贵在落实，落实之要，贵在执行。执行是一种能力，一种态度，一种责任。执行力，才是一个人最了不起的才华，才是第一能力。

执行，更需要细节。细节决定成败，魔鬼就藏在细节之中；以奋斗者为本，奋斗的员工最可爱；奋斗有“三从”，从细、从严、从快。

但事情的发展往往并非尽如人意。努力了，照样会失败，照样无所得，照样被认为执行力不够，照样被认为细节把控不严。

可能是团队问题，但团队也都照做了，照样也可能会失败，照样无所得，照样被认为执行力不够，照样被认为细节把控不够。

问题在哪儿？

02

随着自己参与的决策越来越多。

一直以为决策不就是做个决定，不就是做个选择题，不就是排除万难下定决心，不就是为了完成目标不惜一切。但现实是越来越多的事不按计划发展，越来越多的人不按常理出牌，越来越多的项目出现了问题。

总以为是运气不好。只要自己真心行事，对得起自己、对得起大家，总会成功。

是这样吗？失败的原因总是运气不好？

以前以为：成功是自己奋斗的成果，是自己智慧的结晶；失败是运气不好，是老天爷不给机会。

失败得多了，发现实际上可能正相反。成功是运气，是靠平台；失败是正常，有运气原因，但更多是自己的原因。

这种失败的原因，除了执行力，除了细节，是不是还有哪儿错了？

03

行动的前提是决策，是不是这儿有问题？

先来百度下决策的概念：

决策，指决定的策略或办法。是人们为各种事件出主意、做决定的过程。决策是人们在政治、经济、技术和日常生活中普遍存在的一种行为。从心理学角度来看，决策是人们思维过程和意志行动过程相互结合的产物。

其特点为：科学决策是现代管理的核心，决策贯穿整个管理活动；决策是决定管理工作成败的关键，是任何有目的的活动发生之前必不可少的一步，不同层次的决策有大小不同的影响，科学决策是现代管理者的主要职责。

有点复杂，决策没那么简单，是门大学问。

04

网上再查一下：

国外数据统计，19%的新公司1年破产，35%的新公司2年内破产，60%的公司5年内破产，只有2%的公司能存活50年。

《中国中小企业人力资源白皮书》中公布的数据，中国中小企业和大企业的平均寿命分别为2.5—2.9年和7—8年，是发达国家的1/3和1/6，每年倒闭的中小企业达100万家。

有数据显示，天使投资的失败率达90%，只有10%的成功概率。

美国兰德公司专家说："世界上每1000家倒闭的企业当中，85%是因为企业决策者决策不慎造成的。"20世纪50年代的全球500强企业，如今剩下的还不到1/3，这些企业的失败大都是因为决策失误造成。

有位著名企业家谈及中国企业家失败的原因时说：70%—80%是因为投资失败，而投资源于决策失败。把决策失败列为中国企业家的头号失败原因应该是可以成立的。

根据有关资料统计，决策阶段对项目的影响至关重要，投资决策阶段对工程造价的影响程度最高，达到80%—90%。决策阶段的错误一定导致后期难以弥补的损失。

决策风险是企业最大的经营风险。每一项重大决策的成与败都会直接影响到整个系统的稳定与安全，所以说，决策一旦出现风险将是整个系统的风险。一个企业最大的风险是决策风险，并且执行力越强，就越会放大这种风险。

看完网上这些资料，的确心有戚戚焉。

很多时候，执行力、细节、拼搏、努力都很重要，缺一不可。但有个前提，得尽可能走在正确的道路上，得尽量不犯决策错误。

如此来看，决策失误是所有人的头号大敌。很多问题正是出在决策上，而不是其他。

05

我们需要科学的决策，这点非常重要。

如何科学决策，有很多理论及实践参考经验。但能否掌握背后的底层逻辑才是真正的核心要素，逻辑才是我们能把握的最有力工具。

决策同样要遵循五层逻辑：外部表观逻辑、内部基本逻辑、是非逻辑、善恶逻辑、行动指导逻辑。对应着关键五性评估：真实性、效益性、合规性、可控性、可操作性。

1.评估外部表观状态

掌握需要决策事物的外部表象，识别外部表现中可能存在的虚假、粉饰、扭曲、篡改、设陷等成分。

解决“是什么”的问题。

我们需要主动觉察，包括数字化的定量，也包括非数字化的定性。此时需要着重关注真实性。这一点往往被忽视，越是基础性的常识越得慎重，骗子的套路往往一般都落在这点上。这种真实性的判断包括在每个细节、每个行为中，包括人、企业、公章、合同、项目、关联方等。

2.评估内部基础状况

掌握需要决策事物的内部状况，了解事物内外在各要素的转换变化，了解内部的结构、组织、主次、成员、起因、过程、变化，还有其内部的各对立面、主要矛盾、次要矛盾、历史演化等。

解决“为什么”的问题。

此时我们需要着重关注效益性。效益性，简单地看是能不能挣到钱。但决策阶段的效益性评估非常具有难度及欺骗性。一方面这个数是预估的，有很多假设条件，后期需要反复校验。另一方面，有些项目前期产生不了效益，但后期却能带来可观效益，更有可能前期效益不错，但在一段时间后，市场环境发生了变化，却没有产生足够效益了。

效益性评估比较复杂，但原则是一定要就事论事、实事求是、走群众路线，不能自我暗示、自我欺骗、盲从权威、迫于压力。

3.评估合规性

掌握需要决策事物的本体在和各种体系交互运动时必须遵从各种规矩。

解决“不是什么”的问题。

能够辨析理解出事物其中的各种权利、义务、责任。体现为需要遵循的法律逻辑、商业逻辑、经济逻辑、市场逻辑、政治逻辑、军事逻辑、国家逻辑等。

合规性评估一定是最重要也最需要关注的。这一点反复强调也不为过。不要试图游走在灰色地带、黑暗地带，不要试图打擦边球、闯黄灯。因为决策阶段都需要这样的话，在执行阶段滑入深渊的可能性极大，更不排除别有用心的人利用这点。一定不能突破底线，心存侥幸。

4.评估善恶约束

掌握需要决策事物背后的人文、习俗、伦理、历史、文化、地域、民族、宗教、家国情怀等的约束条件。

需要解决“该是什么”的问题。

了解事物背后的善恶属性，尽量掌握善恶之间的关联关系。此时需要关注可控性。可控性，也是风险校验，需要认真考虑。能不能控制、谁来控制、谁来实施、会不会失控，有没有难点，是否太理想化、太想当然？是否存在以后失控的可能？假设条件变了、市场环境变了，乃至出现系统风险了，如何控制、如何降低损失？

需要注意的是，永远不要试着考验人性。

5.评估可能的行为

掌握需要决策事物的行为指导规则。

需要解决“做什么”的问题。

是否能致良知，是否能知行合一？这种正确的行为观非常重要，只有如此，才能保证正确地展开各种行动，也才能保证长久经得起考验。此时需要关注可操作性。

这种操作性，是行为可行的考量。需考虑能否行得通，能否操作，实施时有哪些可能的问题，执行层面可不可行，需要注意哪些细节等。

6.校验上述逻辑的整体性及递进性

五层逻辑的整体性及递进性对于我们科学决策非常重要。

五层逻辑是一个整体，要达成内在实质性统一，不能单用、单讲、单算某层或几层逻辑。

五层逻辑各层级之间需要有过程逻辑，不能跳跃、不能想当然、不能故意混淆。层级之间需要层层递进、清晰明了、节点清晰、可以校验。

通过这种理解应用，可以识别出恶意，可以防范欺骗。

06

总之，决策风险是最大的风险，危害性远远超出执行中的风险。

可以简单地理解为，八成的失败是决策失误导致，八成的损失是决策阶段产生。决策风险是一种系统风险。

因此，科学的决策一定非常重要，一定是能否成功的最关键要素。

科学决策需要遵循科学的逻辑、科学的方法。五层逻辑及五性评估是一种系统的思考方式，可以作为科学决策的底层逻辑工具。

尽管会面临反复、面临失败，尽管可能会丧失一些机会，会降低一些效率，但同错误决策的后果相比，科学决策一定是值得的。

我们需要科学的决策。

平台化的边界管理与五层逻辑

01

平台化近些年非常热门。

热到什么程度？人人必谈，企企必上。核心原因是互联网技术、信息技术、数据技术的快速发展，极大地降低了平台化搭建的难度，进而也加速了其推进的程度。

随着市场上不少企业平台化战略的成功，又继续鼓舞着更多的企业加快平台化的推进。这是因为，平台化的成功意味着构建了一个完整的生态系统，可以自成一体、自我循环，并可以滚雪球般地自我成长，其好处多多、妙处多多不言而喻，最起码是能坐着收钱，当个“地主”了。

这种大势下，你会突然发现，要么自己搭平台，要么成为平台的一部分。

传统玩法变了。

02

来看下百度上“平台”及“平台化”的基本概念。

平台，指供人们施展才能的舞台、为操作方便而设置的工作台、计算机硬件或软件的操作环境、进行某项工作所需要的环境或条件、通常高于附近区域的平面、供居住者进行室外活动的顶层屋面或住宅底层地面伸出室外的部分。

平台化是基于产业全链数字化相连而提供端到端的优质体验和差异化服务，保持运营的效率和灵活性，同时降低供需双方的交易成本与摩擦成本。平台化是一个综合性的过程，主要可能涉及的创新就有服务创新、商业模式创新、客户体验创新、运营创新、组织创新。

有点小拗口，可以转换理解下。

你圈了一块不小的地，如何开发？自己种，雇人种，包出去，都太辛苦了，都是传统做法。信息时代下，最好的方法是能吸引高人、能人来共同开发，共担风险、共进同退。但前提是一定要打造成一个能基本上做到自我认同、自成一体、自我循环、自我发展的可持续发展生态系统，而且还要能够高质量发展。否则一定失败。因为凭什么让你来做？

尽管值得。但的确有难度。

03

难的是说起来容易，做起来复杂啊。

由于平台化往往牵扯到过多的资源，其中的利益性、多元性、动态性、人性、平衡性、开放性往往会复杂到已经远远不是一两层认知逻辑所能解构的。若是仅仅停留在浅表层逻辑上的认知行为上，最终往往会导致失败。

还是用完整的五层递进逻辑法来剖析一下。

表面上看是搭建一个共享平台，大家一起喝酒吃肉、发财分利、共享富贵；内在地看实际上是要打造一个能自我认同、自成一体、自我循环、自我发展的可持续、高质量发展的开放式生态系统；往深里看，平台要接受法律、法规、市场、社会等各种规矩的是非逻辑制约；再往深里看，一定有人文、习俗、伦理、历史、文化、地域、民族、家国情怀等显性暗性善恶逻辑的约束；最后再想想，一定还会有良心良知、能否知行合一的行为指导逻辑的灵魂拷问。

由于上述复杂性，不可不慎。

04

如何破局？

对于这种复杂系统问题的解决思路可以是，将复杂的系统变换为复杂的简单游戏（类似开放的博弈游戏系统），而不是反向变化为简单的复杂游戏（类似封闭的棋类游戏系统）。

首先应该认识到，足够的广度才需要平台化，也就是说只有具备相当资源基础的组织才具备平台化的条件。由于市场经济的深入，空手套白狼的时代已经不太容易出现，主要是没人信了。

其次应该认识到，平台化一定是组织的总部才有资格及可能实施，分部或下属机构如无必要并不需要。因此平台化中总部的平台化才是重中之重，而不是相反。

再次应该认识到，平台化的系统内部一定要有活力、动力、生命力，否则不会成为生态系统。因此对于弱小的伙伴需要呵护、扶持，对于发展壮大的伙伴需要鼓励、守护，对于过于庞大的伙伴则需要引导、控制。

最后应该认识到，由于多重逻辑的约束，平台化一定要有边界。而这个边界需要有管理，而边界管理也正是平台化的核心所在，其目的正是要守住平台的上限与下限，进而维持住系统的平衡、保证系统的健康发展。

因此平台化的关键在于识别系统、守住边界。边界之内，自由发展；边界之外，要有规矩。

该管的必须管，不该管的一定不能管。只有如此，才能让系统健康成长为能够自我发展、自我负责、自负盈亏的可持续生态系统。

其中管理的逻辑则是动态连续地识别、确定、修订、改进平台边界的上限与下限，除此之外只应是默默地关注与守护。

05

边界管理遵循的逻辑是什么？

边界内部遵循外部表观逻辑及内部基本逻辑，因为这是事物本身发展所具备及产生的。

边界下限需要遵循是非逻辑，因为这是不应突破的底线，没有下限的底线一定会导致系统的崩塌，只是时间长短而已。

边界的上限需要遵循善恶逻辑及良知行为逻辑，因为这一定会决定平台发展的高度、深度及温度，缺了这两层逻辑，系统很难良性发展，很难长久维持，因为大概率会不被社会及大众谅解及认可。包括局内及局外人员。

06

平台化必须有边界，无边界的平台很难长久存在。

平台管理者的核心职责正是找到这些边界，并做好边界的管理。边界之内自由发展，边界之外严格管控，该管的必管，不该管的不管；边界下限是是非对错，边界上限是善恶良知。

也只有如此，才能搭建出一个能自我认同、自成一体、自我循环、自我发展、欣欣向荣、生机勃勃的可持续高质量发展的开放式生态平台化系统。

管理权利的边界逻辑

01

管理与控制是非常复杂的动态过程及系统科学，特别是在企业管理、市场管理等具有重大影响的社会实践活动过程中。

其复杂性是控制与被控制、管理与被管理的持续动态性、非稳定性、思维认知的差异性以及行为逻辑的矛盾性所导致。而作为合格的管理人员，必须对系统的复杂性具有充分的认知，并建立起有效的管控措施。

02

系统经常发生的情况是：一放就乱，一抓就死。

如果任由系统自由发展、放任不管，随着前期发展红利的消失，一方面增量利益减少或不足，另一方面利益受益者集中度提升，一定会导致对于存量利益的巧取豪夺以及资源分配的过度集中，进而导致系统整体的混乱、失衡。此之谓“一放就乱”。

如果问题出现后，严抓严管，严阵以待，杜绝每一个漏洞，不放过每个问题，不疏忽每个环节，不宽容每个错误，这样的后果往往是一方面管理方权利越来越大、越来越力不从心，另一方面则是被管理方自主权越来越小、越来越难以施展，最终导致了系统整体的僵化、停滞。此之谓“一抓就死”。

系统越大，利益相关方越多，就越容易出现“一放就乱，一抓就死”的局面。

03

如何解决？

该管的必须管，不该管的一定不能管。只有如此，才能让系统健康成长为能够自我发展、自我负责、自负盈亏的可持续生态系统。

但哪些该管，哪些又不该管，凭什么、为什么、是什么、谁来定、如何定，这可又太复杂了。

首先应该认识到，系统是有生命力的，在其弱小的时候需要呵护、扶持，在其发展壮大的时候需要鼓励、守护，而在其过于庞大的时候则需要引导、控制。

其次应该认识到，系统是应该有边界的，这种边界更应体现为系统必须存在下限以及上限，而在上限与下限之间则是可以自由发展的。

再次应该认识到，管理也是应该有边界的，管理的边界正是系统的下限与上限，管理的目的正是要守住系统的上限与下限，进而维持住系统的平衡、保证系统的健康发展。

最后应该认识到，管理也是有逻辑的，而管理的逻辑则是动态连续的识别、确定、修订、改进系统的上限与下限，除此之外只应是默默地关注与守护。

04

这种边界、下限与上限、内在逻辑如何确定？

首先我们需要明确的是，管理行为是属于人的认知思维所主导的行为科学。而认知思维逻辑是渐进深入的，认知层级也是逐步提升的，逻辑背后还有其逻辑。我们发现，这些逻辑层级从上往下、从外到内可以依次体现为：外部表观逻辑、内部基本逻辑、是非逻辑、善恶逻辑、行为指导逻辑。每种逻辑都是前面逻辑更深层次的底层逻辑。

对应一个系统，我们可以发现：

一是系统内部及本体更多地遵循其外部表观逻辑及内部基本逻辑，即事物本体呈现给外部看的状态及事物本体内部存在的运行规律，包括其外部呈现、历史根源、演化变化，以及其结构、主次、构成、起因、问题、矛盾、权利、义务等。

系统下限更多地遵循其是非逻辑。

是非逻辑是事物本体在和各种体系交互运动时应遵从的各种规矩、惯例、法则。目前社会活动中一般表现为法律逻辑，除此之外，还应包括商业逻辑、经济逻辑、市场逻辑、政治逻辑、国家逻辑等等，众多的是非逻辑才能共同组成清晰完整的是非逻辑观。

因此是非逻辑可以成为系统边界及管理边界的下限，体现为不能突破、不能触碰的绝对底线。

二是系统的上限更多地遵循其善恶逻辑及良知行为指导逻辑。

善恶逻辑，是对事物善恶的识别，是对人性、灵魂、社会的真正拷问及验证。其中应包括更广阔范围的人文、生命、民族、伦理、宗教逻辑。

行为指导逻辑，是在思维同行动之间所存在的非常重要的认知逻辑。致良知的概念应是整个逻辑体系的核心观点，只有正确的良知观才能真正实现系统的和谐平衡、高质量发展。也只有建立在前四层逐层递进逻辑的正确认识上，才能建构出知行合一的正确行动逻辑体系。

因此善恶逻辑及良知行为指导逻辑更应成为系统边界及管理边界的上限考量。

05

任何系统都是一个整体，都可以是具有生命力的生态系统，每个系统都有其边界，都要遵循其固有逻辑。

思维逻辑是一个整体，五层逻辑逐步深入、互相支撑，内在一定要做到实质性的统一，各层级之间不能跳跃，更不能故意混淆。

对系统的认知及管理可以同五层逻辑体系相互对应。系统的内在及本体遵循其外部表观及内部基础逻辑，系统的下限需要严格遵循其是非逻辑，而系统的上限则需要认真履行其善恶及良知行为逻辑。当然，是非逻辑、善恶逻辑、行为指导逻辑本身一定也需要严格的判别及逻辑校验，而这也不正是合格管理者的职责所在？

通过这样的处理，争取将混乱复杂的系统转换为合理受限、适度可控、复杂简单的开放式博弈系统。

也希望通过这样的方式，做到该管的必须管，不该管的一定不能管。万万不可草率从事。

适度管理与适度考核

01

我们需要管理，但更怕过度管理。

我们离不开管理，是因为一旦组织做大、员工增多、情况变复杂，光靠自己远远不够。于是需要授权，需要专业化，需要管理。

不过有意思的是，千怕万怕，就怕失控，往往减少担心的过程就是管理逐步过渡的过程。

一旦过度，表面上看着体系完整、流程清晰、层层把关，实际上已是官僚化、僵硬化、低效化、虚浮化、内部人控制化，此时管理体系已经实质性阻碍着组织的健康发展。

这个时候，很可能还不如不管理或少管理，起码不管理或少管理时成本低、效率高、人心简单。

因此，我们既要管理，但又不能过度管理，需要适度管理。

那么，适度管理的边界在哪儿？

如何掌握好这个尺度？

首先，我们做事必须要设定目标。

其次，目标需要考核、需要检查、需要激励。

再次，目标需要分解、需要层层落实、需要多元考虑。

因此，现代管理离不开目标管理，目标管理要靠绩效考核落地，绩效考核要靠KPI指标细化。

这样推导下来，发现最终核心节点是指标。如果指标过多、过繁、过高，而且年年加码、永无止境，那最后的结果肯定是难以承受、系统崩溃。

因此，问题往往正是出在考核目标及指标的设定上。适度管理的关键就是适度的考核及适度的指标设定。

02

目标管理是现代管理的基本管理手段。

其定义为：目标管理是以目标为导向，以人为中心，以成果为标准，而使组织和个人取得最佳业绩的现代管理方法。目标管理亦称成果管理，俗称责任制。

美国管理大师彼得·德鲁克于1954年在其名著《管理的实践》中最先提出了“目标管理”的概念，其后他又提出“目标管理和自我控制”的主张。德鲁克认为，并不是有了工作才有目标，而是相反，有了目标才能确定每个人的工作。

目标管理提出以后，便在美国迅速流传，遂被广泛应用，并很快为日本、西欧国家的企业所仿效，在世界管理界大行其道。

绩效考核是目标管理的核心支撑。

绩效考核指企业在既定的战略目标下，运用特定的标准和指标，对员工的工作行为及取得的工作业绩进行评估，并运用评估的结果对员工将来的工作行为和工作业绩产生正面引导的过程和方法。

绩效考核是对部门或个人某一阶段工作成果的评估和等级确定过程，绩效考核是绩效管理的核心环节。绩效考核的目的是对组织、个人绩效进行准确识别和有效区分，为激励机制的应用提供基础依据。

03

适度管理、适度考核要有清晰的逻辑指导体系。

根据五层逻辑理论，管理的主体体现为事物的外部表观逻辑及内部基本逻辑，管理的下限体现为事物的是非逻辑，管理的上限体现为事物的善恶逻辑及行为指导逻辑，而下限靠处罚及禁止来坚守，上限则靠奖励及鼓励来实现。

因此相应的目标考核体系应该为：事物外部表观逻辑及内部基本逻辑的状态指标考核，事物是非逻辑的底线否决性指标考核，事物善恶逻辑及行为指导逻辑的上限奖励性指标考核。

具体做法为：

（1）将考核指标分为三类。

（2）第一类指标为基础考核指标（底线指标）。每项指标均为否决及处罚性指标。

（3）第二类指标为主体考核指标（状态指标）。在第一类指标全部完成的基础上，再进行第二类指标的综合计分考核，用权重乘以得分进行加权汇总，第二类指标得分直接同绩效考核挂钩。

（4）第三类指标为专项奖励指标（方向指导指标），完成该类任何一项指标均给予对应专项奖励。

04

某单位应用举例：

（1）某年度一类考核指标：

序号	考核指标	目标
1	基础财务指标	
2	质量安全指标	
3	合规性指标	

（2）某年度二类考核指标及权重：

序号	考核指标		目标	权重		得分	备注
1	财务指标	主营业务收入		20%	70%		××确认
2		扣除非经常性损益后净利润		20%			××确认
3		回款率		10%			××确认
4		经营活动净现金额		10%			××确认
5		主营业务毛利率		5%			××确认
6		加权平均净资产收益率		5%			××确认
7	管理指标	风险控制		10%	30%		××中心评估
8		资料及档案的完备性		2%			××中心评估
9		技术研发		8%			××中心核查
10		客户有效投诉次数		5%			××中心核查
11		员工培训		5%			××中心核查
合　计				100%			

（3）某年度三类考核指标：

序号	考核指标	目标	奖励措施及额度
1	××重点工作		
2	××重点工作		
3	××行为		
4	××创新		

05

总之，管理需要适度，考核需要适度，指标需要适度。

适度的背后需要有清晰的指导逻辑。只要背后的逻辑清晰，那么背后的问题也就简单了。

关键一定在于适度。

因此，事物主体的外部表观及内部基础可以用状态指标来考核，事物的是非约束可以用底线否决指标来考核，事物的善恶约束及良知行为指导可以用上限奖励性指标来考核。而底线否决指标可以体现为负面清单，上限奖励指标可以体现为正面清单。

工程类合伙人的逻辑

关于工程类合伙人，一言难尽。说的是挂靠老板吗？还真不是，但的确有关联。

01

起先，大家都是小员工、小工人、小设计师，忙碌在一线。工地上、项目上打磨久了，慢慢做到主管、组长、工头，做到了项目经理。

风里来浪里去，起早贪黑，夏练酷暑、冬练寒风，住着板房远离家乡，赔尽笑脸忍受刁难，看着大笔资金进进出出，如果收入还不能尽如人意，地位还不受人待见，下一步怎么办？

终于有一天，机会来了。可能是老客户、老关系、老领导或是运气好，甲方就是认自己，咱人品好不行吗？还是以前那样做吗？交给公司做？

可以，但是……

自己拉帮人、自己组团队、自己找班组、自己搞定甲方、自己筹费用、自己挣大头，OK，没啥问题啊。

至于公司，不就是个马甲？

这么发展，尽管表面可能挂着各种头衔，但实质的确是成了包工头、挂靠老板。

现实也的确如此发展，工程项目的真实实施主体（可能接近八成）就是由这个群体构成。

能做到的，都不是一般人啊。

02

问题在哪儿？查下百度上的说法。

包工头，顾名思义，把工作包揽过来，招人作业，自己当头，是特殊历史条件下的特殊“产物”。

中国建筑业方面的法律一直没有给包工头一个明确的法律地位。按法律规定，民工直接受雇于施工企业，与施工企业是劳动关系，但实际情况是，施工企业很少与民工直接发生关系，大多数情况下，都是包工头与施工企业签订建设工程施工合同，再由包工头与民工签订劳务合同（实际上大多数情况下为口头协议）。

其次，由于施工企业与包工头之间是劳务合同关系，而非工程分包合同关系或劳务分包关系，因此施工企业不能将质量、安全、工期等工程责任转嫁给包工头。尽管包工头负有部分管理职责，但仅限于对民工的日常管理上。施工过程中的质量、安全、工期等工程责任，应由施工企业全部承担，而不能将这些法定责任转嫁给包工头。即使施工企业与包工头签订的合同条款中有明确约定，法院亦可以违反法律强制性规定而认定该条款无效。

再查。

“挂靠”即所谓“企业挂靠经营”，就建筑业而言，是指一个施工企业允许他人在一定期间内使用自己企业名义对外承接工程的行为。允许他人使用自己名义的企业为被挂靠企业，相应地使用被挂靠企业名义从事经营活动的企业或个人（个体工商户和其他有经营行为的自然人）为挂靠人。

《中华人民共和国建筑法》明确禁止挂靠行为，其第二十六条明确规定“禁止建筑施工企业超越本企业资质等级许可的业务范围或者以任何形式用其他建筑施工企业的名义承揽工程。禁止建筑施工企业以任何形式允许其他单位或者个人使用本企业的资质证书、营业执照，以本企业的名义承揽工程”。

各地法院在审理涉及挂靠纠纷时，对于挂靠人与被挂靠企业签订的《合作协议》《分包协议》或《内部承包协议》一般都认定为无效。

因此，问题很清楚，致力于成为包工头、挂靠老板职业生涯的，很大可能没有法律地位，不受法律保护，一旦受到甲方、总分包企业牵连，大概率会面临灭顶之灾。

总靠闹也不是办法。

03

换个角度，作为具备正式法律地位的工程类总分包企业又是如何处理这个问题呢？

两大流派：一为全部自己培养自己做，纯自营；另一为全部实质上由包工头、挂靠老板来实施，纯平台。

但前者的问题是，一方面项目多了，摊子大了，自己很难管到位，很可能还不如包给人家做；另一方面项目经理厉害了，给不到位、管得太多的话人家也有想法。都是麻烦事。

后者的问题更多。管理是简单了，但项目出问题了、工程翻车了，所有的后果都得首先由企业承担，再加上合规等方面的问题，也都是满满的烦心事。

因此，工程类企业更常见的是两大流派结合。一部分自己做，一部分承包制。表面上看可以解决一些问题，也能基本维持下去。

不过，不管再怎么调和，问题还是那些问题，麻烦事还是那些麻烦事，管理起来更复杂（两套），往往是按下葫芦起了瓢，纷争不断、救火不止。

只能如此下去，蹒跚而行，走哪儿是哪儿。

经济景气的时候还可以维持，但总有下行的时候，问题一旦集中爆发，还能够凑合？而且两者互相影响，谁也不好过。

04

怎么办？

同其他行业一样，工程行业的合伙人模式业内也一直在探索实践，也基本公认可能是较好的一种运营方式。

不过由于工程行业的过程性长、集成性强、非标性高、现场性突出等基本特点，简单套用有些难度，也很容易被异化。但也正是因为工程项目的上述特性，从实施的角度来讲，可能适当的合伙人模式才是正确的解决方式。

合伙人在法学中是一个比较普通的概念，通常是指以其资产进行合伙投资，参与合伙经营，依协议享受权利，承担义务，并对企业债务承担无限（或有限）责任的自然人或法人。合伙人应具有民事权利能力和行为能力。

对于合伙人来说，不管哪类、不管出处，其本质基础一定是平等合作、互相尊重、利益共享、风险共担的委托及被委托关系。不是雇佣及被雇佣的给钱干活、无钱不干、多劳多得、少劳少得的上下级关系。也不是授权及被授权的目标考核、薪酬加提成、同效益挂钩的管理权属关系。

这种定位认知非常关键。实际上往往是错位的，说是合伙人实际上还是管理者或打工者，说是管理者实际上却应该是合伙人。而这种定位偏差，一定会导致权责利不匹配、名实不匹配、利益风险不匹配、获得付出不匹配，结果也一定是混乱无序。

05

那工程类合伙人应该是怎样的？

尽管实际情况千差万别、问题重重、矛盾多多，但其核心逻辑及基本原则应该明确并统一。

1.外部表观逻辑

有实力、专业化、有信誉；平等合作、互相尊重、互惠互利、风险共担。

2.内部基本逻辑

能够求同存异，同在项目履约，异在各自的管理边界；具备专业化履约能力，能保证履约专业化。

3.是非逻辑

强底线管理，是非分明；底线（下限、红线）思维，负面清单；强规定、强管控、强处罚。

4.善恶逻辑

强导向管理，善恶有度；上限思维，正面清单；奖励、扶持、引导，公正而清晰。

5.行为指导逻辑

绝对以项目履约为中心，必须保质、保量、保交付；以专业化履约团队为核心，绝对保证履约专业化；履约过程中适度管理，不过度、不放任；抓住关键节点，以关键节点带动全套管理体系；强力推进以共享数字底座（数字仓库）为基础的数字化、信息化企业转型。

梳理一下，可以这样理解，对于工程行业，企业同合伙人之间需要做到：

首先，一定必须是以工程项目履约为核心，这是工程行业的本质要求，以项目履约为中心，必须保质、保量、保交付。

其次，必须做到互相尊重，这是能否长期合作的基本要求，必须要做到平等互利。

再次，必须做到边界清晰、求同存异，这是管理关系的原则要求，必须有底线、有上线，做到适度管理。

06

总结一下。

工程行业由于其特殊性、复杂性、难可控性，确保能高质量交付的履约合伙人应该是可行的一种解决模式。

一定不能是名义上的各种花式合伙人。必须是以项目履约为中心的、互相尊重的、求同存异的、各自边界清晰的真正意义上的合伙人。而且需要基于明确统一的核心逻辑及基本原则，在此基础上才能展开细化完善工作。

一家之言，仅供参考。

关于企业调研

01

对于企业来说，调查研究、实事求是就如同生命线。

因为如果不能掌握真实情况、不能有的放矢，就可能会导致错误的决策。而错误决策所产生的决策风险又绝对是企业的首要风险，其后果往往是产生难以补救的重大损失。

企业经营必须得重视调研工作。

02

科学决策需要遵循五层逻辑：外部表观逻辑、内部基本逻辑、是非逻辑、善恶逻辑、行动指导逻辑。它对应着“五性”评估：真实性、效益性（目的性）、合规性、可控性、可行性。但前提一定是基于调研基础之上的准确数据及准确判断。

对于企业来说，要想在激烈的市场竞争中站稳脚跟，要想在越来越挑剔的客户面前获得更高的满意度，要想合理决策、规避决策风险和经营风险，要想不断提升企业的核心竞争力，事实上都离不开前置的系统的企业调研活动，只有如此才能取得事半功倍的结果。否则就成为无源之水、无本之木。

如何开展企业调研？

调研方式可以为客户访谈、焦点团体、问卷调查、资料分析、内部资料分析、电话访谈、座谈会、网络调查等，甚至可以委托专业咨询公司进行。

需要注意的是，每种方式都需要有足够的重视，都需要有精密的策划，而最关键的则是需要对所有回收的数据及记录进行及时科学的处理。

03

可以从哪些方面着手？

常规数据信息比较容易获得，真正困难的是软实力及定性资料的获取，很多时候后者的重要性更超出前者。

对于企业来说，不断增强企业竞争实力、不懈追求高质量发展应是重中之重。

可以分为两个方面：外部竞争环境和内部管理环境。

外部竞争环境的影响因素有：市场竞争力、企业形象、公司定位、服务特色以及创新能力。其中企业形象应该从企业公民、生态责任、消费者导向以及雇主角色等四个方面来进行。

内部管理环境的影响因素有：核心竞争力、企业文化、工作气氛、作业效率、财务状况、研发能力、人员素质及企业风险控制能力等。

上述众多因素每一项展开都是一个很深的课题，而要将这些要素所涉及的内容落到实处，如何下手、力度如何、投入多少，就需要进行科学全面系统的企业调研活动。

04

企业外部竞争环境调研的基础是企业市场调研。

如果缺少对客户（包括潜在客户）及竞争者甚至内部管理的相关准确数据资料，则会给工作正常开展带来诸多不便。

凭感觉行事，而无科学的依据，犹如盲人摸象。

市场调研应该着重从以下内容进行。

企业形象、公司定位方面，主要从客户导向方面入手：客户对公司形象及定位如何看待；市场对公司的认同程度；客户在公司交易的原因；客户认为何种服务具有吸引力；何种因素影响客户选择本企业。

客户对公司及品牌的印象则需要了解：公司的一般特性；公司提供服务的特色及费用；公司人员素质；公司广告宣传；公司提供的产品的可选择性、品质、可靠性及便利性。

公司竞争地位方面应了解：公司客户和竞争者客户的地理区域分配；公司客户和竞争者客户的人口特色差异；公司客户和竞争者客户的结构差异；潜在客户对公司与竞争者的意见；竞争者客户对公司的看法；其他主要竞争机构的成长情况。

尤其需要掌握顾客愿意付钱换取的究竟是什么；顾客为什么愿意为某些产品或服务付更多的钱；哪些价值因素对顾客最为重要，也因此对实际售价最有贡献。

最关键的是要对公司客户情况进行分析，从而进行客户关系管理（CRM）：客户需求调查；客户规模、数量动态分析；客户价值分析；客户总量分析；客户分类，进行市场细分；客户资金状况、分布区域调研等。

05

企业内部管理环境调研主要有四个方面。

核心竞争力：关键业务技能、无形资产、企业组织知识、企业价值链、顾客贡献价值以及竞争差异化等。

企业文化：人际关系、目标导向、创新与冒险、注意细节、团队定向、进取心以及稳定性。

作业效率：应确切了解工作量及工作效率、岗位设置及考核指标等问题。

工作气氛：应确切了解员工积极性、员工工作满意度、薪金满意度、福利及思想状况等。

同其他调研方式比较，全员问卷调查具有范围广、整体性强、时间灵活、自由度高、保密性高等特征，具有相当高的定性评估实用性。

06

总之，企业调研、实事求是、走群众路线一定是解决一切问题的基础方式，是我们开展日常管理工作的重要工具。只有准确真实地掌握了相关资料，才能找出问题所在，进而作出最合理、最符合实际的决策。

企业经营需要扎扎实实地沉下来，做一些了解自己的研究，有利于开拓业务的研究。只有通过科学、全面、系统的企业调研及资料分析才能最终作出正确判断及相应决策，也才能不断地提升企业的核心竞争力。

当然，企业调研只是一种方法、一种手段，不能取代后续的其他各项工作。做好企业调研，不代表一定能正确决策，也不能免除后续失误产生的责任。

这点需要正确理解。

关于企业数字化转型

01

随着科技进步，数字化、信息化、网络化已经彻底改变了我们的生活方式。

对于个人来说，围绕着智能手机展开的移动互联世界已经是常态生活，并且继续在深入发展，包括元宇宙、人工智能、智慧生活、虚拟现实等等。

可以说，数字化人生越来越成为我们生命的重要组成部分。

那企业呢？

不去赶时髦，当个传统企业，不要花里胡哨，只要埋头苦干，可以吗？

可以。没问题。

不过，企业竞争拼的不就是能够交付又好又实惠的产品？如果人家用新的生产工具（数字化、信息化）获得了更高的生产力，获得了更多的利益，这还怎么竞争？

02

信息时代，数字化一定是最趁手的工具。查下百度。

数字化转型是建立在数字化转换、数字化升级基础上，进一步触及公司核心业务，以新建一种商业模式为目标的高层次转型。

数字化转型表明，只有企业对其业务进行系统性、彻底的（或重大和完全的）重新定义，而不仅仅是互联网技术，而是对组织活动、流程、业务模式和员工能力的方方面面进行重新定义的时候，成功才会得以实现。

大浪淘沙、激流勇进，沧海横流方显英雄本色。

面对挑战，也可能只有数字化转型成为数字化企业，才能跟上时代发展不被淘汰吧。

只能如此。

但不过更复杂。再查下百度上相关说法。

数字化企业是数字经济的基础设施建设。数字经济的基础设施建设核心就是数字化企业，全力发展数字化企业是构建中国数字经济底层的最关键步骤。

传统企业完成数字化转型才可能形成中国经济发展的内核力。如果不能让中国大部分企业快速实施数字化，仍旧采用传统的低效运营、管理、市场、销售方式，即使拥有了再先进的数字化技术，这样的企业仍旧不具备可持续发展的能力。

03

一般来说，通过多年发展，赶上几次热潮，企业的数字化或多或少都有了一些基础，不再是从零开始。但是在原有基础上再次全面提升，很可能会面临着一些深层次的、较尴尬的复杂局面。

这些复杂会表现为“多、变、杂”的现实处境。

1.多

系统多，各种功能的，ERP、HR、OA、CRM、BIM、MES、PLM、财务、收银系统、电商系统、成本管理系统、工程管理系统等；软件多，各种专业、各种版本、众多厂家的，五花八门；原始数据多，内部外部、各个阶段、各个层级、各种要求的。

2.变

模式变，管理运营模式、管理流程改变；领导变，决策体系、决策方式改变；方向变，战略目标、经营方向改变。

3.杂

要求杂，直接要求、间接要求；需求杂，各式、各类、各种需求；规则杂，明规则、暗规则、潜规则。

为什么会如此？

因为人、环境、竞争、资源的复杂多变性，无可避免。

但这些已经远远不是数字化、信息化本身的问题了。

一定还是管理本身需要解决的问题，是领导层需要思考解决的问题，而不仅仅是专业IT人员的专业问题。

04

企业数字化转型一定需要抓住核心关键点：

（1）需要打好数字化基础，需要底层数据支撑，需要建立统一的数据底座、数据仓库，只有存在坚实的、能够共享的基础数据库，才能支撑上面的千变万化。

（2）需要清晰的管理运营模式，需要科学的决策体系，需要正确合适的战略方向。

（3）需要有懂数字化的各类管理人才，能够有效、合理、清晰地形成、提出、使用各类管理运营数字需求。

上述几点，也正是企业数字化转型的核心三要素。

05

通过核心要素识别，可以套用中国传统文化的三才分类法进行分析。

天、地、人三才之道：“人法地，地法天，天法道，道法自然”。这是天地人三才关系的客观规律性描述。法，即法则，取法。

即人法取于地，地法取于天，天法取于道。

1.数据基础

数据基础为企业数字化“地之道”，是企业数字化的根本与基石。体现为“刚与柔”，需要以“刚柔相济”（把握好原则与灵活的尺度）来适应企业数字化的发展变化。

2.管理运营模式

管理运营模式为企业数字化“天之道”，是企业数字化的意志与灵魂。反应为阴与阳、正与负、光与暗，需要“阴阳有序”（决策逻辑及管理逻辑明晰）来体现企业数字化的发展变化。

要讲“地之道”，必须先讲“天之理”。而这个天之理，应该也是企业全员集体思想的体现。

3.数字化管理人才

数字化管理人才为企业数字化“人之道”，是企业数字化转型的思想与能力。反应为仁与义、德与能、言与行，需要以“仁义良知”（善逻辑及良知行为逻辑导向）来指引企业数字化运营的发展变化。

06

企业数字化转型过程中：管理人员（人元素）需要扎实构建企业共享数据基础（地元素），而数据基础构建（地元素）需要深刻理解企业管理运营模式（天元素），而管理运营模式（天元素）则需要遵循外部市场规律及法律约束（道）。

反过来的逻辑关系则是：需要根据行业市场规律及法律道德规范（道）来制定企业管理运营模式（天），再根据管理运营模式构建出企业共享基础数据库（地），再依托企业基础数据库引进、培养、提升企业数字化转型管理人才（人）。

最终，实现系统化思维，做到良性互动、有机联系，为进一步构建全面整体的企业数字化大系统打好基础、做好支撑。

第二章 投资篇

投资失败与投资逻辑

01

基本上，我们每个人都会接触到投资。

不想接触，人家也会找上门来。

不管是理财产品、股票、期货、房产、债权、股权、稀有物品等等，都已经渗透到了每个角落。人家包装得那么好，满怀激情、口若悬河、专家加持，总会有让你心动的时刻。

最简单的是买股票。满天下都是获得财富的传奇故事，那咱就赶快开个账户吧。杀入股市，不亦快哉。

起起伏伏，浪里来去。有赚，有亏。终于发现，这事不简单。拼命学习，发现很不简单。

随着人工智能、大数据、量化交易的出现，发现何止是不简单，简直是丛林中的群狼环伺，自己就是那个待宰的羔羊。

投资不是投机。

02

经历多了。随着不断学习，考证、考资格，随着不断参与项目，交学费、积累经验，不敢说是资深专家，但也绝对是半个专家了。于是信心满满，挥斥方遒，指点江山。

但是，现实总是那么无情。

还是有很多的项目不按照计划发展，还是有不少人不按照常理出牌，还是有很多事出现了问题。

是运气不好吗？

是命中注定吗？

是缺乏投资天赋吗？

是出了猪队友，被连累了吗？

是碰到了骗子，被人故意陷害吗？

03

就是这样，还是缺了什么？

那么，投资是什么？

投资，是特定经济主体为了在未来可预见的时期内获得收益或是资金增值，在一定时期内向一定领域投放足够数额的资金或实物的货币等价物的经济行为。

从技术上来说，投资意味着将某物品放入其他地方的行动。从金融学角度来讲，相较于投机而言，投资的时间段更长一些，更趋向于为了在未来一定时间段内获得某种比较持续稳定的现金流收益，是未来收益的累积。

类型：可分为实物投资、资本投资和证券投资等，也分为创业投资、工业投资、证券投资、政府投资、海外投资等。

挺复杂，牵扯面有点多。

再看下这些信息：

证券投资

2022年A股市场投资者盈亏情况，其中盈利的比例是23.2%，持平的比例是7.3%，炒股亏损的比例高达69.5%。

某交易软件发布2022年中国股市投资者盈利亏损百分比，92.4%的投资者亏损，剩下7.6%有3%是持平，剩下不到4%盈利。

2020年，深交所发布的《个人投资者状况调查报告》显示，A股散户投资亏损率高达73.2%。

理财产品投资

有数据显示，近15年，所有基民定投的整体收益只有8.77%。即便通胀率只有2%，15年下来也要本金亏掉至少30%，所以，整体基民在定投这件事上其实是在亏钱。

定投的份额中有50.7%的人收益不到10%，非定投份额中有62%收益不到10%。要是考虑上通胀，有70%以上的人在亏损。

并购投资

企业并购已经成为企业快速扩张的重要手段。但从并购后的长期经营绩效来看，中国企业并购的成功率相当低。有统计数据表明，并购成功的比例不超过20%。

近些年，企业并购在我国资本市场如火如荼地进行着，但是随着上市公司并购数量及规模大幅增加，并购失败的案例也在不断增加，失败比重高达80%。

海外投资

据不完全统计，中国在近2年的海外并购中，失败率高达70%多。

央企作为走出去的排头兵，在海外矿产资源并购中也是失败的多，成功的较少。曾有报告显示，“十一五”期间中国企业海外矿业收购失败率超95%。

天使投资

有数据显示，天使投资的失败率达90%，只有10%的成功概率，可以用一个成语来表达：九死一生。

创业投资

国外数据统计，19%的新企业1年破产，35%的新企业2年内破产，60%的企业5年内破产，只有2%的企业能存活50年。

真有些辣眼睛啊。

简单归结一下，投资也大致适用“二八原则”，20%成功，80%失败。

的确是投资有风险，行动需谨慎。

04

投钱容易，但失败的概率却不小。

很多上市公司的年报里都可看到这些案例。

因投资失败而导致商誉计提、坏账损失计提的投资案例比比皆是，令人震惊、心痛、惋惜。

往往是正常的耗损、浪费、折腾都不至于从局部影响到整体，但投资的失败却往往能产生连锁反应，进而导致问题逐步累积、损失逐步蔓延，最后导致整体无法收拾，以至于完全失控。

问题在哪儿?

根据有关资料统计，决策阶段对项目的影响至关重要，投资决策阶段对造价的影响程度最高，达到80%—90%。决策阶段的错误一定导致后期难以弥补的损失。

可以说，投资过程中决策失误是最大风险，投资损失大部分是决策阶段产生。决策风险是一种系统风险。

最起码，可以不投啊。

不投资也是一种决策。

05

很多时候，不投资不行。

不投资可能会比投资面临着高得多的压力、大得多的麻烦、数不清的纠缠。

可能只有讲清了背后的逻辑，大家才能解脱，才能释然。

因此，投资背后必须要有逻辑，投要有逻辑，不投也得说清逻辑。

（1）正确的投资逻辑才有可能提升投资成功率，混乱的投资逻辑大概率会导致投资失败。

其间的关系是，错误的投资逻辑导致错误的投资行为，错误的投资行为导致逐步失衡的行为后果。

（2）如果能够认识到错误及时止损撤出，也不失为正确的选择。

但正是由于未能认识到错误投资逻辑的产生根源，往往又在错误逻辑的指导下继续幻想、自我欺骗、存在侥幸、偏听偏信，乃至一错再错、一误再误，以致彻底无能为力。

（3）真实世界中这种真实的案例反复发生，往往真实的过程中更见曲折、幼稚、混乱。

追其本源，一定会发现在初始的投资逻辑上就存在混乱，或根本没有逻辑可言。

（4）有意思的是，由于后果的事后性，失败的后果基本又是由后期的实施责任方承担。

经常发生的情况是，投资失败追究执行人的责任，是执行不到位的原因，如果涉及贪腐则这种认知更是板上钉钉。

如果投资成功则一定是决策的伟大胜利，执行层仅是执行而已。

（5）事实上，如果投资逻辑正确的话，这种完整的逻辑应包括五层递进逻辑以及相应投资方与被投资方的完整逻辑比较，投出资金只是其中一部分工作。还需要更多地考虑投资后的系列问题，包括权利义务、风险控制、预案假设、动态校验、应对措施等。

后续过程必须包含在前期决策过程中，一定是全过程生命周期概念。

（6）往往由于决策时权责不清，决策阶段投资逻辑的缺失或混乱一般很难予以追究。

实际上，投资的复盘、反思、评估非常重要，如果能认识到失败的根源，有的放矢，投资成功率一定会获得提升。

后来者能引以为鉴肯定是减少整体损失的重要举措。

总之，投资是门非常复杂的行为活动。仅仅靠理论学习、资格认证、专家指导、经验积累、缴纳学费是不足以应对真实世界中千变万化的局面的。更需要我们不断地总结复盘、自我约束、自我提升、自我蜕变。

其中最关键的是，投资一定需要前期的科学决策。科学决策一定需要建立在正确的投资逻辑之上。万万不可想当然、拍脑袋，万万不能贪小便宜、打擦边球、心存侥幸。因为其后果很可能是当事人所不能预见并承担的。

投资需要正确的投资逻辑。

工程金融的反思

对于工程企业来说，金融应该为谁服务？

01

回溯一下。

赶上好时代，自身也努力，公司做大了。或是项目利润高，挣了不少现金；或是银行看好，给了大额授信；或是股改发行上市，超募不少钱。更或是上述三者叠加。

有钱不花？有点难。

但怎么花，往哪儿花？

可能有人说了，挣钱不容易，花钱还不简单？

诸位看官，企业花钱就是企业投资，真真实实是个大课题啊。

那成立投资部，招人、组建团队。搞搞理财吧，太没技术含量，政策上、监管上也有些障碍。搞搞兼并收购吧，挺复杂，还有点慢，效果还不太好。

还有其他选择吗？咱不是有钱吗？

工程产业基金，私募+合伙+分层+明股实债+上下游，看上去不错，弄一个吧。

小贷公司，供应链放贷+应收应付周转+质押抵押+产业闭环，也不错，弄一个吧。

融资担保，担保+银行放大+供应链放贷，不错，再弄一个吧。

保理公司，应收+应付+票据+追索或无追索，不错，也弄上吧。

于是，围绕着主营工程业务展开的工程产业金融服务板块就此诞生。

02

抛开企业角度，从行业角度来说，不管怎么三令五申，工程行业本就需要垫资、需要周转资金、需要增信，还有PPP、BOT、EPC等众多项目运作模式，更还有银票、商票、资产证券化、夹层基金、以房抵款、各路通道等花式组合套路。

想要做大，离不开钱啊。

除非不参与，一直能甘于小富即安，否则很难不同各类金融机构、各种金融工具、各路神仙大佬打交道。

没办法，与其跟着人家打转转，还不如同时培养自己的工程金融团队。

因此，工程行业的工程金融随时代大背景应运而生，是经济发展的产物，是工程行业高速扩张的客观需求。

工程金融，是工程领域专业化的信用活动和资金融通及与之相关经济活动的总称，为工程各参与方提供与其内部工程风险管理相配套的外部服务，是金融服务在工程领域的具体应用。

工程金融的应用。具体来说包括工程资信、工程担保、工程保险、工程融资、工程证券发行等信用和资金融通服务，满足工程各参与方内部风险管理与风险控制的需要。

工程金融的产生。建设工程项目的开发与实施过程中面临各种工程建设风险，工程风险管理就是工程参与方化解工程风险的过程，由此产生了工程领域专业化的信用活动和资金融通及与之相关的经济活动，这是工程金融产生与发展的内在需求。

03

搭台唱戏，盛装登场。

随着各路增量资金的逐渐加码投入，包括银行信贷、非银负债、行业并购、工程基金、小额贷款、担保增信、保理盘活，企业的规模、收入、利润在头几年一定会获得迅猛高速增长。

表面繁荣的数字下，甚至可能会一度产生错觉，仅凭金融工具就可以让企业高歌猛进、大展宏图、一飞冲天。

于是乎，继续加大投入，继续四处扩张，继续加高杠杆，继续快速决策，继续对风险选择性视而不见。

04

福兮？祸兮？

风险会迟到，但从来不会缺席。狂飙突进的同时一定会伴随着草率投资的苦果。

很难保证所有项目投资都能成功，总有这样那样的事发生，有人事上的、管理上的、协同上的、资金上的、合作伙伴上的、政策上的、法律法规上的、市场环境上的、经济周期上的。

随着越来越多的项目出现大大小小的问题，企业会越来越四处救火、疲于奔命。

终于会深刻认识到，金融本身必然会伴随着风险，风险控制能力本就是金融业务核心的能力。那就逐渐增加风控人员及风控组织配置吧。

不过前期的决策失误、风险失控很难通过后期来弥补，可以小幅止损，但很难彻底扭转。再加上众多因素的干扰，包括业绩要求、形象要求、财务要求、业务要求、领导要求、合同要求、利益相关人要求，问题一旦产生实际上难以解决。

如同疯狂旋转的陀螺，直到能量耗尽、资金投光、杠杆用足、子弹打完，各个项目问题彻底爆发。好些的苟延残喘、等待救星；差点的就只能求助司法，诉讼、仲裁，重组、重整、清算。

最终，一地鸡毛。

05

问题在哪儿？

是金融工具本身？监管不足？政策原因？宏观环境？

是运气不好？骗子太多？商场太叵测？人心太难测？

是金融人才缺乏？风控人员缺失？管理人员失职？

还是战略失误？模式错误？决策有误？

还真得认真思量一下。

首先，金融工具本身只是工具，用好用坏更多取决于用工具的人，而不能怪罪工具本身。

其次，监管、政策、环境都是外部约束，有影响、有缺失、有滞后，但一定不是问题本身，一定不是问题产生的根源。

再次，专业人员、管理人员更多的职能是执行、是辅助、是实施，有失职、有混乱、有缺位、有个人考虑，但一定不是问题产生的主要责任人，也不是问题后果的法定承担人。

最后来看，战略失误、管理运营模式不清晰、决策机制不科学、公司治理不完善，则一定会导致问题的产生、累积、爆发。

统计数据显示，决策失误是无法达到预期收益效果、造成经济损失、导致出现投资负效应的主要原因。

因此，内因一定还是问题产生的决定因素。

如果不能更多地从自身上找问题，而更多地怪罪、假托、推责于外因，一方面不科学，另一方面则是于事无补、难以提升。

问题如何解决？

06

对于工程企业来说，金融就是工具。

产业并购，控股+合并报表+产业协同，做大规模，优势互补，合作共赢，可争取1＋1＞2的效应。

工程产业基金，私募+合伙+分层+明股实债+上下游，灵活融资、整体策划、便于掌控。

小贷公司，供应链放贷+应收应付周转+质押抵押+产业闭环，安全、可靠、实用。

融资担保，担保+保函+银行放大+供应链融资，业务性质类同小贷，但规模更大。

保理公司，应收+应付+票据+追索或无追索，实用、快速周转。

但所有的前提一定是优质项目、优质甲方、优质供应商、优质合伙人，万不可心存侥幸、勉强行事。

07

回到文章开头的问题，对于工程企业来说，金融应该为谁服务？

为战略？为股东？

为领导？为财务数据？

为企业形象？为金融本身？为专业团队？

这些可能都不全面，都只是一部分，都不是最终本质。

工程金融的本质一定是为工程项目服务，更确切地说是为工程项目的合格履约交付而服务。而履约能力则是工程企业的核心能力，因此工程金融的实施与控制能力一定也是企业履约能力的重要组成部分。

只有明确这个核心，从这个本质出发，才能正确开展下一步工作而不致跑偏。

如何做到而不只是停留在口头上？

可以继续归结为三原则与五逻辑。

08

工程金融基础三原则：

1.天元素

科学的决策机制，清晰稳定的发展战略，合适的管理运营模式，匹配的公司治理架构，而决策机制的科学性一定是重中之重。

“天之道”，需要“阴阳有序”，关键是要有明晰的决策逻辑及管理逻辑。

2.地元素

坚实的一线实施团队，优质的项目本身，强大的履约能力。

“地之道”，需要“刚柔相济”，关键是要把握好原则与灵活的尺度。

3.人元素

专业化投融资管理人员及管控机制，专业化风险控制人员及管控机制。

“人之道”，需要“仁义良知”，关键是要有善逻辑及良知行为逻辑的指引。

因此，工程金融实施过程中：

专业人员（人元素）需要认真为工程一线服务、确保项目履约，“人法地”；

工程项目履约（地元素）则需要受制于企业决策、管理运营模式（天元素），“地法天”；

决策及管理运营模式（天元素）则需要严格遵循外部市场规律及法律约束（道），“天法道”。

09

工程金融实施五逻辑：

1.外部表观逻辑—真实性评估

需要掌握项目的外部体现，识别外部表现中可能存在的虚假、粉饰、扭曲、篡改、设陷等成分。

真实性判断包括在每个细节、每个行为中，包括人、企业、公章、合同、项目、关联方等等。

2.内部基础逻辑—效益性评估

需要掌握项目的内部状况，了解项目内外在各要素的转换变化，了解内部的结构、组织、主次、成员、起因、过程、变化等等。

效益性评估比较复杂，决策阶段的效益性评估非常具有难度及欺骗性，但原则是一定要就事论事、实事求是、走群众路线，不能自我暗示、自我欺骗、盲从权威、迫于压力。

3.是非逻辑—合规性评估

需要掌握项目的本体在和各种体系交互运动时必须遵从各种规矩。体现为需要严格遵循的法律逻辑、商业逻辑、经济逻辑、市场逻辑等等。

合规性评估一定是最重要也最需要关注的。不能试图游走在灰色地带、黑暗地带，不要试图打擦边球、闯黄灯。因为一旦过线，后果一定是不能承受的。

4.善恶逻辑—可控性评估

需要掌握项目背后的人文、习俗、伦理、历史、文化、地域、民族、宗教等约束条件。

可控性，也是动态化、常态化风险校验，需要认真考虑。能不能控制、谁来控制、谁来实施、会不会失控，有没有难点，是否太理想化、太想当然？是否存在以后失控的可能，假设条件变了、市场环境变了，乃至出现系统风险了，如何控制、如何降低损失？永远不能试图挑战人性。

5.行为逻辑—可操作性评估

需要掌握项目推进实施的行为指导规则，是否具备知行合一的良知行为逻辑非常重要。只有能够坚持正确的行为观，才能保证正确展开各种行动，也才能保证长久经得起考验。

这种可操作性，应是狭义的考虑。如能否行得通，能否操作，实施时有哪些可能的问题，执行层面可不可行，需要注意哪些细节等。操作实施过程中需要特别防范知行不合一、说一套做一套、当面一套背后一套的情况发生。

另外，需要注意上述五层逻辑的整体性及递进性。还需要注意五层逻辑各层级之间需要有过程逻辑，不能跳跃、不能想当然、不能故意混淆。

总之，通过工程金融一个中心、三个原则、五层评估体系的推进实施，做到“阴阳有序，刚柔相济，仁义良知”，从而实现科学化决策、系统化推进、常态化风控、精细化实施，并为进一步构建全面整体的工程履约服务体系、实现工程行业的高质量发展打好基础、做好支撑。

一家之言，仅供参考。

专家的观点同自我的思考

01

以前，我很信任专家。

人家既然是专家，那一定是学有所成，术有专攻，值得敬佩。

不过，看多了，发现有些问题。专家说的不一样，专家说的还会变。

随着经历的事情越来越多，发现问题还越来越大。

专家有假，专家有立场，专家有自封，专家会扯淡；专家会欺骗，专家会编数，专家会骗钱；专家有心机，专家会误导，专家会造势；专家会打架，专家会骂街，专家也会无底线。

这个世界充满了专家，我们已离不开专家。

但是专家、专家、专家……

02

从个人角度来说，随着互联网的迅猛发展，全世界资讯也呈现出大爆炸般的扩散。

面对这些近乎无穷无尽的资讯，我们每个人都很难掌握其全貌，只能主动或被动地选取自己感兴趣的、能看懂的。于是越来越局限于自己的小圈子之中。

一方面这是无奈的选择，可以相对轻松简单地活着。但另一方面由于知识的碎片化，这种圈子认知又非常危险，特别易于情绪化、同质化。尤其是在自媒体时代，各式各样的专家及网红充斥了几乎所有的资讯空间。

难道以后只能依靠人工智能？

坐等人工智能取代我们的大脑？

03

怎么办？

先来百度上查下什么是专家。

专家指在学术、技艺等方面有专门技能或专业知识全面的人；特别精通某一学科或某项技艺的有较高造诣的专业人士；还应该是对自己的言行负责，有着行为准则的人。

专家一定是在特定行业上有较多经验和知识的人，是学术上的某一家，是有张口一言胜似百万雄兵之威能，引领一时之民情，难有无出其右者。

根据上述专家定义，我们得认真想想，理解一下。

专家的可靠度是否需要确认下

是真专家吗？专长是什么？屁股坐在哪一边？是谁的专家？口碑好吗？人品好吗？经过考验了吗？

专家的观点是否需要确认下

基础扎实吗？数据准确吗？逻辑清晰吗？层级跳跃了吗？

基础理论正确吗？观点严瑾吗？推导完整吗？概念准确吗？偷换概念了吗？预设、假设讲了吗？主要、次要分清楚了吗？

有应用场景吗？只有口号吗？最后有没有经过实践验证？

专家背后的逻辑是否需要确认下

一般来说，外部表观逻辑有了，内部基本逻辑就有了。

但是非逻辑有没有？善恶逻辑有没有？行为指导逻辑有没有？

合法合规吗？善逻辑还是恶逻辑？有良知还是无良知？知行合一还是不合一？故意还是无意？

04

针对上述问题，我们需要深入梳理思考，形成认知。

首先，需要确认专家本人的可靠度

由于传统价值观的扭曲变形、社会信用的缺失、商业利益的巨大诱惑等现实情况的存在，专家的真实角色越来越难以确认。

表面上看都具备着各种各样光鲜亮丽的头衔及社会地位，但往往后来发生的事件又无一不一一撕去这种专家的美丽人设。因此不能仅凭专家们的地位、头衔就确认其可靠性，一定需要鉴别，不能人云亦云，这个过程需要自己的独立判断能力。

不过因为思考很累，有时大家反而又走入另一个极端，谁的话都不听，只信自己的直觉。但直觉又可信吗？现代行为学研究发现直觉常常是可以被引导、诱导、欺骗、利用的。凭直觉可能会陷入一个更大的陷坑之中。

其次，需要认真判别专家的观点

经常很多时候专家是谁大家并不关心，也不认为很重要，关注的只是他们的观点，觉得对就听、不对就不听，属于选择性的接受及放弃。

但问题是，怎么判断对还是不对，难道还是凭直觉吗？

如果没有建立自己的是非、善恶思考体系，不是又很容易被别人牵着鼻子走，或是自作主张、草率从事？

甚至可能是断章取义，该听的没听、不该听的又听了，进而陷入一个更尴尬的局面，最后反而埋怨是专家害了自己。

再次，需要追问专家背后的逻辑

这一点很难做到，对于大家都是挑战，但不得不去探查啊。就比如社会上充斥的很多理财产品，如果不去弄明白其底层资产、底层架构，那不就是待宰的羔羊？

因此一定要认真追问、推导、查清，一定要搞清楚专家观点背后的逻辑，可能的情况下，最好让其自己讲得明明白白，尤其越是碰到故作高深的专家，越得当心其背后的目的。更何况若是碰到故意知行不合一、言行不一致，一心奉行利己害人的恶专家呢？

05

专家的观点可以用，专家的话可以听，但前提是得弄明白上面那些事。

实际生活中肯定还会经常反复，照样还会给绕迷糊。因为毕竟人家是专家，毕竟比我们高明。

但不管怎么说，不能奉行简单的拿来主义，让别人的观点及思考取代自己的独立思考。

再不努力，人工智能可就真把咱给替代了。

自然，如果能够碰到奉行良知逻辑、知行合一、正知正见正行的真专家，这一定是非常需要珍惜的，因为真专家一定会帮人而不是害人。

总之，专家的建议、专家观点不能不听，但一定要听得懂、识得清、辨得明，一定要明白其背后的逻辑并尊重、敬畏、理解这个逻辑。

这个过程一定需要自己完成，一定得自己独立思考，千万不能试图用专家的观点来代替自己的思考。

创新与赛道

01

创新非常重要，但也非常困难。

赛道十分重要，上去了就别想轻易更换。

对于企业来说，是原赛道上的改进创新，还是新赛道上的再创新，这可是个需要慎重考虑的事情。

当然，两个都可以选，也可以一门心思扎在原赛道上进行创新。不过，单一赛道风险不小，而且肯定存在波动及生命周期。

很多时候，改赛道或新开赛道也是没办法的事，都得生存，都要发展啊。尤其是现代科技的日新月异、快速迭代，市场、客户、消费者的迅速变化，不改不行。

有时说是原赛道的创新，但实质上已是核心要素发生根本变化的新赛道了。

不可不察。

02

创新本就是一种投资，开设新赛道就更是投资。

因此，企业的创新与赛道的选择都必须按照投资思维来管理运作，否则很大可能后悔莫及。

如何应对？

当一大堆周边人物夸夸其谈时，又如何考虑？

关键点在哪里？

是“买买买、合合合、圈圈圈、大大大、好好好”呢，还是自力更生、自主研发？

03

赛道是企业经营需要考虑的重要因素，选择不好则意味着方向性的重大错误，再努力也可能无法或很难到达目的地。

好赛道往往背后具有未来可实现的清晰而又有强大号召力的逻辑，这种逻辑一定是清晰可辨的。

风投资本一般考虑的是宽赛道，只要是看准的方向，则可以大面积覆盖。只要能够押中一只，即有可能覆盖全部前期投资。

但企业（产业资本）同风投资本的投资逻辑却不太一样，除非完全蜕变为风投资本并按风投逻辑考虑问题，否则开启的可能是灾难。

其原因为：

企业有原本的赛道，有原本的市场逻辑及商业逻辑，既然能够生存下来并做大了，并占有一席市场地位，原本的逻辑一定是其引以为傲并做惯性传承的。

市场、消费习惯、外部形势总是在变化，任何赛道总有走到头的一天。如果开始发现原本赛道受阻或越来越窄了，由于具有一定的资金优势，这些企业往往都是未雨绸缪、主动布局，反而更具投资及创新冲动。

由于强大的惯性，在赛道选择、投资过程中，企业往往也还继续秉承着原有逻辑，美其名曰为多元化。某企业即是经典案例，如矿泉水、旅游、粮油、汽车、中介、支付、理财、保险、银行等等投资，基本是只要表面看着不错都要尝试一把，而对于赛道本身的内部逻辑根本不了解，或不屑于了解，甚至认为自己可以重新建构。

这种情况下，仅仅掌握着赛道的外部表观逻辑，对其内部基本逻辑则基本觉察不明，甚至是颠倒混乱，更何谈遵循更高层级的逻辑，因此一旦开启，则往往走向的都是灾难，无论是对自身、企业、员工乃至社会。

04

企业需要赛道创新，但一定不能是随意跨赛道、换赛道、抢赛道。不是不能，而是必须掌握新赛道的各层级逻辑，按新逻辑去思考、策划、实施。

不过这个过程对于已经有了原本赛道逻辑的企业来说的确存在不少困难。一旦发展中遇到困难，基本无一例外地想要按以往思维方式进行干预。而干预的后果又往往改变了新赛道的逻辑体系，导致了逻辑的混乱，进而导致了各种行为的失衡。

企业的赛道创新建议采取两个方向。

一个方向为，彻底蜕化为风险投资，自己转化为专业人士或委托专业风险投资团队。其间一定要严格遵从风险投资逻辑，万万不可随意切换。

另一个方向则为，进行认真而谨慎的精准赛道创新。这种选择一般考虑的逻辑应是：

同原赛道相关，这样原逻辑不必颠覆性地修正，原客户及原市场体系可以继续承接。

符合新市场、新消费习惯、新形势的原赛道的升级。

依托原赛道的适度创新。比如建筑中的装配化建筑方向，幕墙中的光伏幕墙方向，在碳达峰、碳中和大背景下未来的新材料、新能源方向等。

传统赛道一般不会消失，但一定需要重新铺设。

第二种方向下赛道的精准、精确化选择非常重要，因为企业的资金来源、逻辑惯性、风险承受度对失败的接受度实质上都相当之低，甚至可能远远低于自己以为的承受度。

因此，精准赛道的选择需要非常慎重，宁可不投也要看清，当然看清得越早回报率也越高。但一旦选择，必须集中资源、全力以赴，不能且有且无，随打随撤。当然其中的决策关键、判断依据应该是清晰可辨的各层级逻辑。

05

回到前面的问题，企业应对赛道创新及投资的正确方式可以为：科学决策，全面评估，建立多达五层逻辑的评估实施体系。

当面对众多专家意见时，不能轻易用专家的意见代替自己的思考，要有自己的逻辑考量。

过程关键在于知己知彼。需要搞清前提条件、假设条件，明晰风险点、校验点、里程碑节点，做好最好、最差预判，掌握自身承受能力及可用资源。

最好能建立在自主研发、自行建构、自我掌控的产业链基础上，而不是相反。

第三章 案例应用篇

案例一：企业平台化基本思路探讨（节选）

一、基本思路

七大原则：总部管理平台化、业务渠道多元化、履约团队专业化、配套服务市场化、基础资源共享化、重点领域精准突破化、创新业务提前布局化。

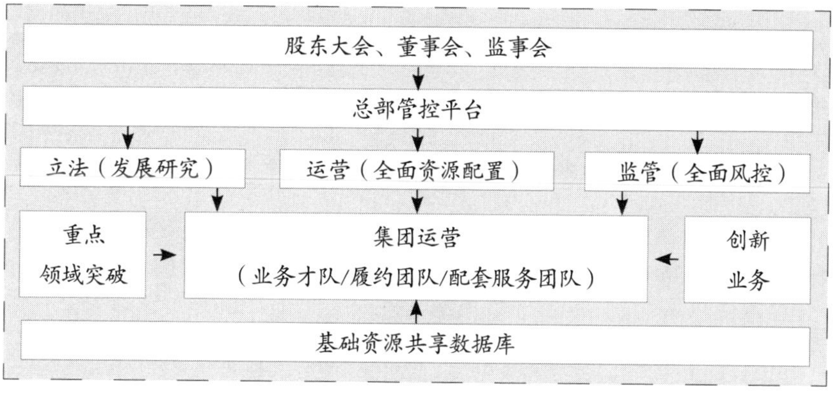

二、说明

（一）总部管理平台化

两个清单，正面、负面。加强平台化的边界管理，该管的管，不该管的不管。以构建平台化边界下限为原则，全面推行负面清单制，以处罚为主；以构建平台化边界上限为原则，全面推行正面清单制，以奖励为主。

三大功能：

1.立法（发展研究机构）

含原各专业职能部门的政策制定功能，包括政策及规章制度的制定、决策参考、顶层设计，辅以企业内部调研、行业研究、政策研究以及国外同业研究。

2.运营（运维及资源配置机构）

五大项统筹内容：客户与业务团队统筹、对外报价与内部成本统筹、设计与生产统筹、项目与履约团队统筹、产品与配套服务统筹。

含原各专业职能部门的统筹功能。包括统筹协调、运营维护、策划实施，要求全过程、全面、无死角；以项目为核心，含资质、生产、金融服务、营销、商务、企划、人事、行政等专业。

3.监管（全面风控机构）

含原各专业职能部门的监管功能。包括定期巡检、问题抽检、客户回访、大数据监控（各类信息的采集、整理、处理、分析）、问题追责、审计监察，要求实时性、准确性、及时性，含工程、财务、审计、造价、安监等专业。

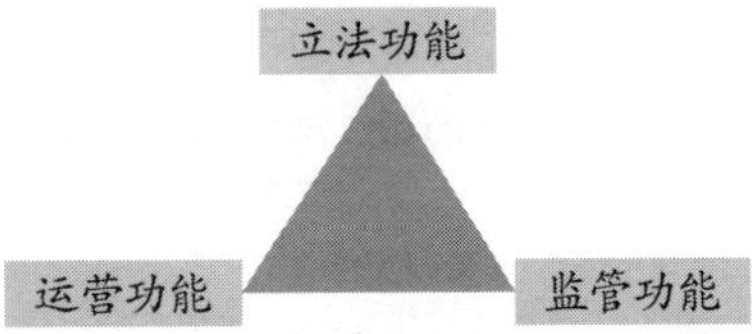

（二）核心运营：业务渠道多元化

业务团队由核心团队+合伙人团队组成。

原则：全面统筹，四种战术。

全面统筹。由总部专人专门机构全面统筹，确保能够全面统筹集团各项内外部资源，确保全面、完整、无遗漏，确保每一个点都能找到具体的人及团队负责，并能互相配合，有效开展集团大兵团作战。

四种战术项目。项目地毯式：地毯式归集、收集、梳理项目，保证无遗漏、无疏忽。客户精准式：依托团队，精准营销客户，建立客户数据库，推行全面客户关系管理。区域定点式：根据地域和客户进行定点与定人扎根、生根。营销网络式：建立强大的营销网络，挖掘各种关系资源，按贡献大小给予奖励。

（三）核心运营：履约团队专业化

加大专业化团队建设，组建各专业化实施团队及专业化配套团队。

要求“三专”：专项、专业、专人。

专项：每个项目都能认真对待，有计划、有策略、有跟进、有结果、有追责。

专业：每个大板块、子板块都有专业人员，用专业的人做专业的事。

专人：每件事、每个项目、每个板块、每个专业、每个区域都有归属地（有对应的大板块、子板块）、有责任人、有落实、有监督、有激励、有规矩、有结果、有追责。

（四）配套服务内部市场化

依托内部共享大数据，逐步将法律服务、技术服务、商务服务、采供服务、策划咨询服务、金融服务、财务税务服务、人事服务等配套服务进行内部市场化处理，形成竞争意识、专业服务意识、自负盈亏意识，从而可以作为一线业务运营团队的强大服务支持平台。

四项基本原则：合伙人机制+赛马机制+市场化机制+专业化机制。

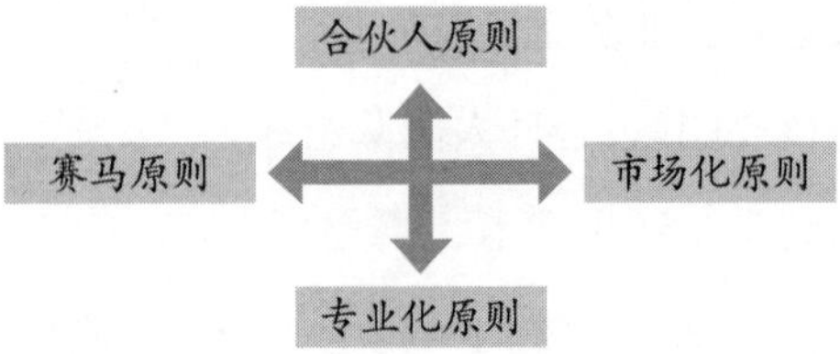

合伙人机制：资源公开原则；自愿原则；平等尊重原则。

赛马机制：要素流动化原则；择优选择原则；合理竞争原则。

市场化机制：外部+内部市场化原则；服务购买原则（包括外部购买、内部购买、总部购买，体现为目标责任书、服务合同等）；市场化收费原则。

专业化原则：服务专业化；功能专业化；项目保密性排他性原则。

（五）基础资源共享化

建立能够进行大数据处理的五大共享资源基础服务数据库：市场、产品、技术、管理、运营。

总部统筹机构、业务团队、履约团队、配套服务团队、决策团队需要时均可以按各自权限随时调取参考。

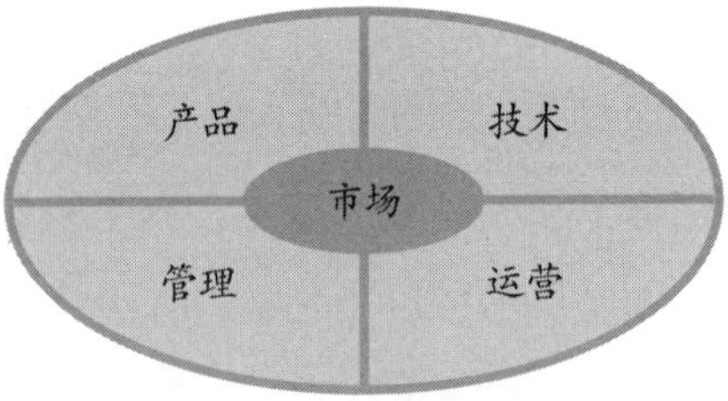

1. 市场资源数据库：客户、行业、竞争对手、品牌等。

2. 产品资源数据库：资质、资料、历史数据；产品经理、设计师、配套人员、供应商、技术人员等。

3. 技术资源数据库：专家、先进技术、工艺方法、标准专利等。

4. 管理资源数据库：专业服务人员（法务、财务、商务、税务、金融、人事、行政）；管理人员；专业中介机构等。

5. 运营数据资源数据库：实时运营信息、大数据处理、运营全过程数据等。

（六）重点方向精准突破化

重点领域实施精准突破，如×××等领域。

（七）创新业务提前布局化

加强创新能力建设。建立健全全过程科技创新体系，促进各类创新要素向企业集聚；提升高新技术企业内涵，提高研发投入比重。提高成果产出及应用能力，对×××等方面创新业务提前进行布局。

案例二：专业人员社区化构建思路（节选）

一、基本原则

汇聚人气，虚实结合；全员参与，打破孤岛；生态系统，产业延伸。

二、框架图及说明

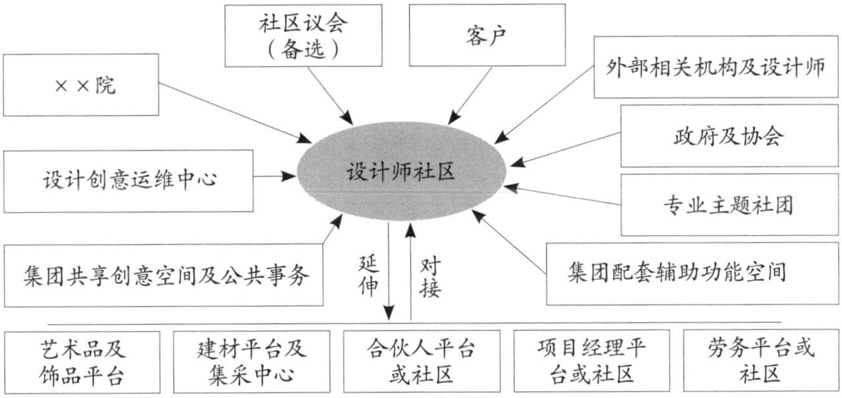

1. 集团设计创意运维中心

为设计师社区的主导核心部门，可以同设计院行政管理部门采用一套人马两块牌子的做法，后期可以根据需要切分开。场地物业同集团统一承接，可以下设下列职能：

（1）设计师服务：协助服务（降低成本、承接项目、甲方服务、营销策划）；增值服务（财务代理、税务处理、品牌提升、包装策划、事务代理）；延伸服务（评奖评优、补助争取、资源对接［（建材、合伙人、艺术品及饰品、项目经理、劳务班组等）］；内部互联（线上线下）。

（2）社区运维及社团管理：社区设计服务；社团引导师服务，社团管理、扶持、协调等；社区推介、招商、物管、租户服务、现场管理；配套辅助功能运维。

（3）共享空间及公共事务运维管理：活动策划、论坛、讲座、公众号、线上社区、协会对接等；粉丝吸引、维护、升级；其他板块协助工作。

2. ××院

主要负责设计院的各项行政事务。

3. 集团共享空间及公共事务（裙楼空间、会议空间改造完善）

需要共享空间的社区化改造，要求注重开放、免费、公益，体现出“年轻、时尚、潮流”。前期积极策划、组织、召集免费的专业活动、公众活动、公益活动，目的是聚集人气、活跃气氛、快速提升影响力。通过各项资源的汇聚，导入数据流、信息流。

4. 配套辅助空间（裙楼空间、餐饮空间改造，引入为主）

专业化程度很高的文印店（制图、打印、晒图、制标书等）；以咖啡文化为主体构建的共享沟通空间；专业性书店（设计类、工程类）；画廊画展；专业性培训；其他服务类。均可以根据设计师习惯

24小时营业。

5. 政府及协会类

积极引入并推动政府相关部门的各项活动，包括提供免费场地、组织落实等；实时、及时发声和提诉求；加强党建工作，主动将社区纳入党建体系。

积极引入有关协会入场，包括提供免费活动、赞助、成本价办公场地等；积极介入协会工作，利用好协会的平台及影响力。

6. 外部相关设计机构及设计师（预留办公空间）

积极引进产业关联性强、优势能互补的设计机构及设计师团队，包括国际大师、设计师工作室，以及建筑设计、景观设计、工业设计、饰品设计、家具设计等门类。

7. 甲方客户

社区化的核心目的是能够有效统筹资源为甲方提供更好、更便捷、更专业、更系统的服务，甲方客户是社区化生态圈的中心环节、重中之重，任何时候都不能弱化这一点。

8. 社区议会

条件成熟后可以从相关机构及相关团队中推荐选拔人员设立社区议会，最终目的是社区能自管理、自负责、自改进、自升级，要求处于中立立场开展工作。

9. 内部主题社团

以兴趣爱好、个人资源为牵引，引导扶持社区内成立多个自组织的相关专业化主题社团，类似于超高层建筑、海洋产业空间、教育空间、医疗空间、人才安居空间、酒店、文旅等等，并适当提供场地及经费扶持。

三、运行逻辑

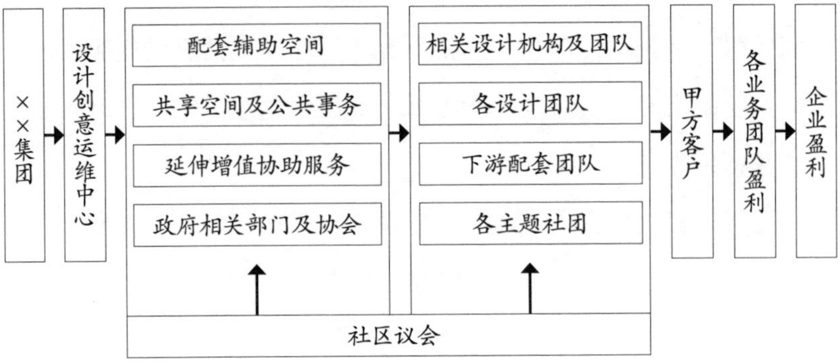

四、基本思路

1.汇聚人气，虚实结合：吸引人气是重要原则，最好能线下线上同步展开，务虚的成分可能需要更重一些。

2.全员参与，打破孤岛：需要拥抱社区，重塑社区成员关系，全面减少沟通障碍，更需要考虑人与人之间关系的连接。

3.生态系统，产业延伸：要打造的是相伴相生、互相促进、自我成长、自我繁衍的生态系统，产业的向下延伸将是重要的利润来源及增长点。

缺失的环节

民企问题的反思

引子

01

关于民企，千言万语。

毕业后，被分配到一家内地政府单位。

工作没多长时间，随着邓小平同志的南方谈话，中国经济发展拉开了轰轰烈烈的时代序幕，市场经济全面进入社会的每个角落。实在是坐不住沉闷的办公室了。

于是办了停薪留职，毫不犹豫地奔向了改革开放最前沿的深圳市。

人才市场、关内关外，民企、镇企、国企，跳来跳去、进进出出，颠沛流离、四处奔波，跌倒爬起、爬起跌倒，学习工作、工作学习，直到慢慢安定下来。

这一待就是几十年。当初可是只想待一两年，挣点钱就回去。

02

简单算了一下，工作了不少单位，民企的工作生涯有三分之二。民企的乐、民企的痛、民企的胜、民企的败，亲身经历，受益良多，而又感慨万千。

曾经以为，每段工作都可以是职业生涯的终点。但实际上却怎么都成了这样？

民企发展难，但难道难到了这般高度，就不能做大吗？做大后又都这般险恶吗？

这些问题一直困扰着我。

随着经历增多、经验增加、知识积累、自我反思，慢慢有了一些深层认知。

03

民企问题表面上看不少，都是由一堆事件引发：政策的变化；时代的变迁；快速增长的诱惑；草率地进行了一些投资；有意无意忽视了经营现金流管理；轻易接受了大量融资；轻信了部分职业经理人的职业操守；内部官僚化；盲目信任了上游客户；乐观估计了经济形势并被进行了神助攻。

不过任何时候内因才是决定因素，内部出问题了再逃避也没有用。

如果企业不能提前预判，不能审时度势、及时转型，仅靠竭尽全力、心存幻想、苦苦挣扎，甚至还妄想大而不倒，则一定会走向反面，最终被社会、被市场淘汰。

只有建立了强大的内部风险控制体系才能够有效管控风险。

深入观察，可以发现民企内部风控体系的缺失往往是问题产生的根源。

另外，民企的五层逻辑体系也很可能是缺失、不完整的。

在前三层表观逻辑、内部基本逻辑、是非逻辑中，只要不触及法律逻辑（但早期发展中法律逻辑的不完善，导致民企原罪存在的普遍性，存在难以化解的隐患），民企几乎可以高效顺畅地发展。

因此其表现为，民企在中小企业阶段除了需要考虑生存问题外，几乎可以完全独自埋头发展。

但是，如果民企壮大成为大型企业、公众企业后，必须要面对更深、更高层级的逻辑考验时，如果又同商业利益产生严重冲突，仅凭实际控制人个人修养及道德约束还远远不够，这时的善恶逻辑及良知行为指导逻辑的缺失将产生极为严重的社会问题。

04

决策风险是企业最大的经营风险。每一项重大决策的成与败都会直接影响到整个系统的稳定与安全，所以说，决策一旦出现风险将是整个系统的风险。

决策失误是一个企业最大的风险，并且执行力越强，就越会放大这种风险。很多问题正是出在决策上，而不是其他。

决策需要科学决策，需要有完整的决策逻辑。

05

从企业“三权”（所有权、经营权、监督权）的发展演化来看，存在一体期、分体期、两体期、三角期、有限制的三体期、三体困局期以及三体合一期七个发展阶段。

每个时期的权利运用及分配都有其特殊性及适用性。

如果抱守以前的成功经验而不加以及时调整的话，企业也很容易陷入混乱。

对于民营企业来说，能够约束自身所有权的监督权很难持续存在，监督权处于恒弱状态，企业很容易陷在某一阶段无法获得突破。

总之，民企问题很多，有外因有内因，但一定需要反思。

重复历史肯定不可取。

针对上述这些问题，本人一直在进行深入反思，并试着探讨了一些可行的解决方案。本部分即为这些反思及探讨文章的合集。

希望这些思考能对大家有用。

第一章 民企反思篇

缺失的环节

01

随着经济走向下行周期，随着各种新技术的迭代升级，随着市场格局、产业政策的变化，也随着Z时代消费习惯的改变，民营企业开始大量进入困境。

从可以公开数据的民营上市公司来看，近年来开始几乎排着队出问题，的确说明了其问题的严重性。

表面上看问题繁多，都是由一堆事件引发，都可以有一大堆的理由，但任何时候外因往往只是诱发因素，内因才是决定因素，内部出问题了再逃避也是没有用的。

真正的问题在哪儿？

当今的很多民企基本上都是乘着改革开放的东风发展壮大的，享受了数十年的人口、市场、改革红利，也因此基本上摸索出了自己的一套成功逻辑：胆大、敢冒险、敢决断、敢尝试，敢摸着石头过河，敢不断加杠杆勇于创新。

的确，当年在时代的大潮中这些思想是先进的，值得尊敬、值得钦佩。

但是时代变了，红利开始减少，局势开始反转，新时代需要高质量发展，需要新的企业家精神、新的经营理念，需要更高的智慧及更多的知识储备。

如果企业不能提前预判，不能审时度势、及时转型，仅靠竭尽全力、心存幻想、苦苦挣扎，甚至还妄想大而不倒，那一定会走向反面，最终被社会、市场淘汰。

02

一定要从成功走向失败吗？

有些企业经得起考验能够继续壮大成功，他们的经验值得推广。但失败的经验教训也一定需要反思总结，不这样的话大量浪费的资源都将变为沉没成本。

无论如何，我们还是希望在下一次的大潮中再次涌现的弄潮儿们不能再犯过去的错误。

一定有路径可以避免从成功走向失败，而是从成功走向成功。

仔细探究，可以发现失败的原因各式各样，但企业内部风控体系的缺失、不健全乃至失效一定是重要因素之一。

只有建立了强大的内部风险控制体系才能够有效管控风险。

为什么会缺失？

通过实践总结，究其原因主要有以下几点：

（1）公司治理结构实质上的不完善，导致企业对系统风险、高层级风险缺乏管理及预判，尽管设有监事会、独立董事、内控部门，但这些监督机构缺乏实权及有效的管控途径从而导致了形同虚设的结果。

（2）企业实际控制人的强势文化及强大影响力，导致企业三权实质性高度集中，尽管表面看貌似是分权，但一旦有变随时收回，反反复复、朝令夕改，局势因而一再恶化。

（3）实质性权力的失衡，还导致了决策中严重的随意性、片面性、非理性，尽管表面上看貌似流程完善、层层把控，但最终一定是最高决策者的一言堂，其他人基本可以忽略。

（4）机构及流程的貌似完善，又继而导致相关各层级管理人员责任的实质性缺失，即真正发生了问题很难追究其他管理人员的责任。

（5）权责的失衡及不对等，导致针对决策层及高级管理人员内部监督机制的无效，即等同于可笑的“刑不上大夫”。

（6）实际利益分配的失衡导致内部腐败的普遍性、顽固性、群体性。民企的内部腐败一旦失控同样令人触目惊心。

03

如何解决？

建立有效的风控监督体系，是当代企业管理者必须要形成的社会共识。

企业的发展阶段不一样，其风控目标也肯定不同。但整个过程中，核心是需要做好所有权、经营权、监督权的两权或三权平衡。

企业早期，风险控制目标是不能触碰法律底线，但要有两权或三权的概念准备。

企业中期，经营权同所有权（含监督权）需要分开，风险控制目标应为保持正现金流、控制负债、守法合规，该阶段需要建立专职的风控部门。

企业发展壮大后，一定需要所有权、经营权、监督权（从所有权中分立）的平衡管控。这时风险控制目标应为：科学决策、控制投资冲动、保持合理现金流、控制杠杆率、合理合法合规、同国家政策保持一致等，随着目标的复杂性提升、管控范围的扩大，该阶段一定需要建立具有实质监督能力的全面风控体系。

04

对于民营企业来说，能够约束自身所有权的监督权很难持续存在，监督权处于恒弱状态，企业很容易陷在某一阶段无法获得突破。

管理层需要受制于企业本身，企业本身需要受制于企业家（大股东），而企业家则需要受制于道（良知）。同样，经营权需要监督权制约，监督权需要所有权切分，所有权需要道德及法律约束。

反过来看，则需要以良知为基础的法律道德体系约束企业所有权，再从企业所有权中分离出企业监督权，再用企业监督权规范企业经营权。

如此，才尚可。

风控困局

01

一家企业从小做大非常不易，可以说是九死一生。

又难、又苦、又累将很长时间一直伴随着创业者、企业家。很多时候，能挣钱养活自己永远是企业的首要任务。

因此企业千辛万苦地做大，创业者、企业家必须获得足够回报及社会认可。其他人万不能嫉妒、怀恨、打击。否则，谁还去创业、做企业？

但前提却是合法合规。要不，其他人不正好有理由？

但是，若是恶法、恶规呢？可以申诉，可以争取修订，但也得遵守。

这些种种，其实已经开始进入企业风险控制管理的范畴。

02

仅此而已吗？

开始时大家是一门心思赚钱求发展，能把企业做大就行。但发现不能光挣快钱，还要顾及未来，企业需要做强，能可持续发展。可是慢慢又发现还会受制于众多的外部变化及约束，企业更需要做优，更要能高质量发展。

因此企业脱离生存阶段后，不能仅以赚钱为唯一目标了。需要做大、做强、做优，需要用多元化思维考虑问题，需要有边界、有下限、有上限。

因此企业发展中，情况只会越来越复杂，问题只会越来越多，风险一定无处不在。

这时必须要靠团队、体系、专业人才才能应对了。

稍有不慎，发展停滞，严重的话，可能会掉入深渊。

企业需要搭建出强有力的风险管控体系。

03

近年来随着大量民企失败案例的出现，几乎所有企业都开始明白风险控制的重要性。但知道和做到却差之甚远。民企内有些绕不开的现实问题，不能解决的话，想要有效实施将永远只是纸上谈兵。

首先，企业三权中监督权不独立或不存在，风控工作很难在高级别开展，将一直停留在基层或中层，也因而无法应对企业级及系统性风险。

其次，民营企业不管大小任何时候都要求生存、求发展，一旦同生存发展的目标冲突了，肯定有很大的动力优先放弃风险控制。

再次，风险控制的投入成本不少，产出却难以计量，而企业奉行以业绩为导向的绩效考核，这将导致在企业内部各职能中心的PK中风控部门很容易居于弱势地位。

最后，风控体系的建设对风控人员的专业能力及职业道德水平要求非常高，审计师、风控师、法务人员、监察人员都必须是专业人才，需要不少的人力资源投入。

因此，上述几方面的现实问题都对企业的风控工作带来了巨大的挑战。

很可能的情况是，在各种纠结及监管要求中选择走走过场、摆摆样子，或只是能管管下面、管管基层，而不能管自己、管高层，一旦发生系统性或高级别风险，企业还是只有听天由命、无从招架。

04

能否建立有效的风控体系，是企业健康发展的重要任务。首先需要明确风控目标。

企业发展早期一定是以求生存为核心任务的，因为生存不下去，其他一切都免谈，这时的风险控制目标主要为防范法律风险：绝不能触碰法律底线。

企业发展到中等规模，度过了生存危机，需要进一步发展，这时的风险控制目标主要为防范经营风险：保持正现金流、控制负债、守法合规，该阶段需要建立专职的风控部门，需要经营权同所有权（含监督权）两权分立。

当企业发展到大型规模时，基本上已成为一方行业霸主，这时的风险控制目标主要为防范决策风险：科学决策、控制投资冲动、保持合理现金流、控制杠杆率、合理合法合规、同国家政策保持一致等，随着目标的复杂性提升、管控范围的扩大，该阶段则一定需要建立全面风控体系，需要经营权、所有权、监督权（从所有权中分割）三权分立。

05

现实环境约束下，可以试着从下面几点开始突破。

（1）从内外两个方面要求企业实控人必须实实在在地认识到风控工作的重要性，认识到一旦风险失控其后果绝对难以承受，包括利益、名誉、信用、地位等各方面，千万不能心存侥幸。

（2）建立实质有效的公司治理结构。由于独立董事制度的缺陷，可以考虑不强制要求，而应该强化监事会的监督制度，应把企业内部风控体系（包括审计、监察、合规等）统一纳入监事会体系，让监事会能够长出腿、伸出手、管得住、抓得着、看得紧、盯得严，不能让“一切”为业务、为挣钱让路，一定要在管理的边界（下限及上限）指引下开展工作。

（3）依托风险控制部门建立企业全面风险防控体系。将各职能中心的服务与监督职能尽可能剥离开，做到该管的必管，不该管的必不管。

（4）建立企业重大风险管理制度，包括识别、跟踪、校核、预案、预演等。对企业来说，预防的价值绝对大于事后补救的价值。

这几点是基础要求，其他具体做法就不再赘述了，需要各自对症下药。

总之，有些事可以忽视、放在一边，有些事可以应付、说一套做一套，但企业的风险控制工作肯定不能在此列。

因为，这可能是生命线。

无奈的偏差

01

有人的地方就有江湖。

从外部看，企业是一个整体，是一个个光鲜亮丽的名号。名号之内，有企业家、管理层、普通员工。他们共同维持着企业的运转，缺一不可。

企业家（大股东）代表着所有权，管理层（职业经理人）代表着经营权。

企业还小的时候，两权合一，不存在协调问题，企业家都靠自己扛。

企业大了，情况慢慢变复杂，员工逐渐变多，企业家也无法全靠自己扛，于是就自然分立，产生了代表经营权的管理层（职业经理人）。

企业发展顺利的时候，大家一门心思拼发展，但要是不顺利呢？

大家同心协力，历经艰难，企业阶段性成功了，但成功后呢？

02

很可能都是这样，开始时一切都好，但慢慢会滋生出矛盾，矛盾又会慢慢加深，直到成为鸿沟，结果是企业成为最终的受害者。

为什么会这样？

由于权力、地位、责任、利益，由于错位、错知、错配、错付，由于信任、能力、野心、人性、良知，还由于外部压力、变故、危机。

这是无法避免的人之常情。如何应对？

解决渐行渐远的矛盾双方，任何时候应付、逃避、对抗带来的都是对系统的破坏，只有理解、谅解、包容才能彼此化解提升。

而因立场角度不同产生的种种认识上的偏差一定是矛盾的源头，必须及早化解，一定不能任其发展。

第一种偏差：定位偏差

一般来说，职业经理人存在三种定位：打工者，管理员，合伙人。

打工者：雇佣及被雇佣关系，给钱干活，无钱不干；多劳多得，少劳少得。适用阶段，中型及小型企业。

管理员：授权及被授权关系，基本方式是目标责任制，薪酬加提成，同结果挂钩，效益好奖励，效益不好不奖励。适用阶段，中型及大型企业。

合伙人：委托及被委托关系，平等合作伙伴，利益共享，风险共担。适用阶段，大型及超大型社会公众企业高层人员。

但麻烦的是，真实情况中的定位认知一定不是某方的单项认知，而是复杂的结合体。

职业经理人的实际认知=企业的认知＋自我的认知。

企业的认知。实质上更偏向于企业所有人对职业经理人的认知，复杂的是这种认知很可能是动态、多变、功利性的。

自我的认知。这是职业经理人对自身定位的认识，往往外来空降干部会高估，企业原生干部会低估。

两种认知一致的话，各自定位清晰，企业经营顺畅，少有内耗。

两种认知不一致的话，则企业内部问题重重，互相猜忌，互相抱怨，内耗严重，经营不顺。

更严重的是，出现问题后，很可能各自根据对自己有利的认知定位来加以解读。

明明是大型公众公司的高层，享受着超高待遇，但一旦问题发生，则自认只是打工者，马上跑路走人。

明明是实质的合作伙伴，但一旦企业产生胜利果实，企业家却只是当其为打工雇佣关系，无视职业经理人的贡献。

这些定位偏差都是不幸的，在双方各自不觉察的情况下，偏差会逐步累积，越来越大，最终导致企业的失衡及败亡。

归结一下，由于定位偏差，可能出现的问题有：能力及责任不匹配，权利及义务不清晰，提升及发展无考虑，贡献及分配不明确，失误及赔偿无约定。

解决办法：通过契约进行反复明确。

其内容应包括：定位认知，偏差校正；能力要求，权利匹配；职责范围，责任追究；分配方式，风险承担。

通过签订详细而周全的契约合同，树立起并培养出严谨的契约精神及严格的履约意识。

这本就是市场化、法治化的精髓。

第二种偏差：信任偏差

在大量的实践中，我们会发现：职业经理人的五层递进逻辑体系可能是缺失、不完整的。在外部表观逻辑、内部基本逻辑、是非逻辑中，只要在法律逻辑及其衍生规则框架覆盖下，职业经理人可以获得信任并任其充分发展。

但如果是大型企业、公众企业，必须要面对更深、更高层级的逻辑考验时，这时如果还仅凭个人修养及道德约束，而这些如果又同个人利益、商业利益、企业利益产生严重冲突时，这时的善恶逻辑及良知行为指导逻辑的缺失将产生极为严重的后果。

大量案例可以证明，一个存在深层次思想逻辑缺陷的职业经理人，由于其个人修养的不足、道德品行的低下、人品的低劣，最终一定会成为企业发展壮大后的绊脚石或是毒药。

尤其是企业越大，这种后两层逻辑的重要性将越来越超过前三层逻辑。企业越大社会责任也越大，因而关键人员的人品也更为重要，而且这种重要性一定在其能力之上。

一旦职业经理人缺乏善恶逻辑、良知行为逻辑，在面对众多复杂条件下的考验和诱惑时，很容易迷失，进而走偏。其结果很可能就是连带着所负责的板块、业务、部门、团队在不知不觉之中滑入了深渊。

逻辑上的潜在缺陷，很可能会产生严重的信任危机、道德危机。

因此必须在职业经理人的制度及体系建设上，高度重视善恶逻辑及良知行为逻辑的重要性、完整性、必须性。

可以考虑：在建立选聘考核体系时、完善企业内部制度时、明确行业市场道德约束规则时、制定责任赔偿制度时，必须将善恶逻辑及良知行为逻辑进行嵌入、融合、渗透，进而开展相关的培训、考核、考验、评估、追查工作。

只有这样，职业经理人才能被信任并委以重任，而不是成为双刃剑。

第三种偏差：认知误区偏差

包括三种：为谁服务、空降还是自己培养、能力的边界。

1.为谁服务

按契约，肯定是为委托人、授权人或雇佣人服务。

但这必须是有前提的，一定是要建立在遵循是非逻辑、善恶逻辑及良知行为逻辑之上的服务。

从企业来说，服务对象一定是企业而非个人，一定得对企业负责。在企业家或上级领导与企业利益一致时，这种做法不会产生冲突。

但当企业家或上级领导与企业利益不一致时，这种冲突下的选择就会很痛苦，很有可能职业经理人会屈于现实选择了前者，进而损害了企业的利益。吊诡的是，这种不负责的做法往往最终也一定会反过来损害原始背离方的利益。

如何保证企业利益至上，则更需要完善的法治环境、市场环境及相应的约束保护机制。

2.空降还是自己培养

随着企业的发展，往往原职业经理人团队可能不能满足要求。这时的做法一般是内部培养、外部空降或二者结合。

全部靠内部培养肯定会有问题。一方面需要时间及交付学费；另一方面会形成内部人控制、既得利益者把持的局面，由于动力及激情的缺乏，很大可能会造成企业的提前老化及过度官僚化。

但大量采用外部空降可能问题会更多。实际案例中更多的情况是，在高速发展的内外部诱惑下，企业往往选择了大量外部空降的做法。不过由于空降干部对企业缺乏深刻了解、缺少感情共鸣、没有足够责任心及敬畏心，或最关键的是离开原土壤的不适应，结果基本上是一拍两散、各走各路，最终留给企业一地鸡毛。少有例外。

因此少量空降加大量原有干部培养的二者结合、融合方式可能更为合适，由此带来的震荡才会更加可控。

但空降干部同原生干部之间的互动、理解、体谅、认可缺一不可，空降干部必须主动融入体系，而不是相反。另外，必须做好二者之间的平衡、监督、风控，要有明确的制度及规矩约束。

3.能力的边界

由于职业经理人本身固有的专业属性，作为个体的职业经理人一定是有局限性的，过高或过低的预期都是错误的。必须熟知其强项及弱项，而不是不管环境及约束条件的全面委托及授权。需要认识到，全才不专，专才不全；人无完人，各有所长。应该较为准确地掌握这些局限的边界所在。

因此在职业经理人的使用中，更应看重团队作战，利用集体的力量取长补短。而不是相反。

决策时，需要民主集中制下的科学决策；权利分配时，需要进行两权或三权分立；运营管理时，需要存在独立的监督风控体系。

03

归结一下。

在企业家代表的所有权同管理层代表的经营权之间，会因立场不同而产生认知上的差异，这些差异主要体现为：定位偏差、信任偏差、认知误区偏差。

如果不能有效管理这些偏差，任其无序发展，则这种偏差一定是致命的，会对企业带来系统性的难以修复的破坏。

我们需要形成共识：奉行良知，企业至上；定位明确，契约清晰；培养人才，团队作战；科学决策，监督权力。

不论何时，我们需要实事求是，需要走群众路线。

只有消除了偏差，化解了矛盾，企业才能做得更好，走得更远。

民企的存与救

01

危机一个接一个。难题一堆接一堆。经济难，企业难，民企更难。

由于国际形势的动荡、国内经济的下行，再加上疫情的影响，很多企业开始举步维艰、难以生存，这种局面无法回避，更需要直面。

存亡之间，如何应对？

02

情景代入：

早年A先生倾其所有创立了B公司，经历了万般艰难，赶上了改革开放的大潮，在不懈的努力下把企业做大了。

B公司从小企业成长为中型企业，又从中型企业发展成行业有影响力的企业，赶上资金宽松期，经过信贷加持，B公司成了行业翘楚。

但经济总会不可避免地迈入下行期，上游客户开始连续“爆雷”，B公司收款越来越难，资产及现金基本全变成应收账款。

终于有一天B公司经营现金枯竭，由于其间背负了大量债权（包括金融机构负债、供应商欠款），这些债权逐渐到期无法支付，就连员工工资也难以保证。于是B公司开始面临着债权人的追讨、逼债乃至起诉查封。

由于现金枯竭，B公司此时自身已经无力自救，其间也在尝试混改、债务重组、重整，但由于恶化过程是断崖式的下跌，加上这种危机下处置经验的缺乏，因此很难把握住稍纵即逝的时机。

如果没有外部力量的及时救助和强力加持，B公司一定是奄奄一息，最终被迫消亡。

03

是非功过：

客观来说，随着B公司的发展从小到大，一定为客户解决了大量问题、交付了大量产品，为社会解决了大量就业，为政府贡献了大量税收，为供应商带来了大量业务，为行业培养了大量人才，为市场贡献了无数活力。

这些功劳无法否认也不应抹杀。自然，在这过程中B公司也获得了大量的社会荣誉、利益回报。

但B公司的过呢？可能是盲目信任了上游客户、乐观估计了经济形势、草率地进行了一些投资、轻易接受了大量融资、轻信了部分职业经理人的职业操守、忽视了经营现金流管理。

种种的这些天灾人祸导致了B公司的困局。

可以说都是B公司自己的错，B公司自作自受，应该自生自灭，应该自赎自救。

但问题是，病人一旦病情严重一定需要外部救治，而不是一味责怪病人，听任其自生自灭，更何况是影响力巨大的企业？

04

存续？

未消亡前，B公司的继续存续代价无疑不小，需要资金投入，需要恢复市场认可度，需要恢复客户信心，需要恢复融资能力，而最关键的是需要尽快恢复自身的经营活力与能力。但靠B公司本身基本上已经每一条都难以做到。

正常做法依次是债务重组、预重整、破产重整。但现行的《破产法》是2006年发布的，当时应该只是解决了破产的有无问题，只是明确了破产重整及破产清算的概念，操作细节及可执行性还十分不足。而救治企业需要面对的局面异常复杂，问题往往层出不穷、千丝万缕、挂一漏万，处置起来棘手之极。

处置原则一定也应该是市场化、法治化，但实操中由于市场本身的不足及法治本身的不健全，往往是在这种概念化的决策指导下会将企业更加推向了不得不亡、万劫不复的境地。

05

自生自灭？

还是以B公司举例，如果B公司年营业额10亿元，总资产10亿元，员工数千人，则其消亡产生的后果非常严重，除了B公司本身的损失外，涉及的债权人、客户、员工、供应商、股东等各方的财产损失将高达数十亿元，涉及的失业人员、家庭成员可能会高达数万人，而且连锁反应下造成的社会影响及对市场的伤害难以估量。

如果这种消亡的企业多了，将对地方经济造成难以逆转的伤害。

从时间上看，一家大型企业的清算往往会蔓延数年乃至遥遥无期，且需要占用大量的人力财力成本。

从清偿率来看，可能十不存一。对经历的各参与方来说过程异常痛苦而且惨烈。

从公平性上来看，B公司的黑洞导致了其他无辜第三方的严重损失，包括众多无辜的员工、供应商、客户、债权人、小股东以及背后的家庭，且对社会造成实质性的伤害。这肯定是不公平的。

06

救难，不救更难。

如何选择？

从上述惨烈后果来看，企业本就发展不易，应本着善待企业的态度，应该救并且及早救，而且本着能救必救的原则，只有这样全社会损失才会最小化。

由于企业主体还在，更便于处理债权债务，才会更便于解开众多问题纠缠的死结。而企业主体一旦消亡，等于强行中断，必须强行处置，进而产生更大的资金黑洞。

谁来救？

在市场化指导原则下，由于这种拯救很难满足中短期利益导向的其他企业要求，在经济不景气的时点，更难出现不顾自身安危的白马骑士，无论是国企还是民企。

资产管理公司本应是一种选择，但目前的资产管理公司们更偏向于金融机构的不良资产处置，属于扫尾的功能更多一些，再加上这些年资产管理公司们本身的负担也非常重。

因此更多的选择应是国家出面成立维稳或是救助基金，可以直接或间接作为救助方的资金来源，不以中短期利益为目标，更多是考虑整个经济及社会的长远发展，在被救助企业恢复正常后，可以考虑逐步退出。

当然，这期间必要的规范、监管、换血、追责必不可少。

07

如何救？

基本原则一定是法治化，应该也必须依托法律来推进。但作为核心的《破产法》及其系列的配套法规需要细化、完善，需要更强调破产保护及更注重重组而非清算。

由于企业的清算价值通常低于企业继续存活时的价值，因此从长远看，如果企业能重组或重整成功，则债权人可获得更多的清偿，企业员工可以避免失去工作，地方经济也更容易获得稳定。

而在破产清偿的情况下，如前所述，后果惨烈，影响深远。此外许多企业都会遇到难关，且有时企业经营状况不佳并非企业本身的过错，如允许该类企业重组，则企业大有复兴的可能。

因此《破产法》更应倾向于鼓励负债企业快速重组和重整，而非被迫清算还债。

目前经济形势下，被动等待可能时间上来不及，但是否可以提前在上述原则及做法下积极做出一些尝试？

企业不易，应该善待。

民企的过与得

01

民企出问题，做个吃瓜的群众不好吗？

不过雪崩时没有一片雪花是无辜的。置身事外，却很可能犹如城门失火，殃及每个池鱼。

问题在哪儿？谁之过？谁之“锅”？

情景代入：

A先生创立了B公司，历经艰辛企业逐渐做大了。

随着B公司从小企业成长为中型企业，考虑到精力顾不过来，这时A先生逐渐给C总经理加大了授权。

随着业务的扩张，B公司又从中型企业发展成行业有影响力的企业，赶上资金宽松期，经过信贷加持，B公司成了行业翘楚。

其间A先生聘任了一批职业经理人D们，又通过金融机构E们进行了融资，还维护了几个大客户F们，并带着一批供应商G们开展业务，更在地方政府H们的支持下获得了不少优惠政策、优惠待遇、大量补助以及社会荣誉。但经济总会不可避免地迈入下行期，上游客户F们开始连续“爆雷”，B公司收款越来越难，资产及现金基本全变成应收账款。

终于有一天B公司经营现金枯竭，由于其间背负了大量债权（包括金融机构E们、供应商G们），这些债权逐渐到期无法偿还，就连包括C、D们的工资也难以保证。于是B公司开始面临着债权人的追讨、逼债乃至起诉查封。

这时，由于现金枯竭B公司已无力自救。

接下来B的发展路径不外乎混改、重组、重整、清算。但不管哪一步，已经产生了大量损失，越往后损失越大，直至基本清零。

02

错？

企业作为经济主体之一，需独立承担自身责任（自我发展、自负盈亏、自担风险），在市场经济中被赋予了拟人化的法人地位。尤其是有限责任公司，更多的责任及过错都是由作为法人主体的企业承担。

因此，企业一旦犯法、违规、违纪，一旦损害他人他方的利益，一定是企业需要承担其后果及责任，面临各种处罚。

另外在早年不规范的市场环境中，为了求生企业们有意无意地打了很多擦边球，包括注册资本、税务、信贷、用工等，因此很多企业从一出生就带有原罪，一旦市场开始规范、法治逐步完善，这种原罪处理不好或无法处理很可能就导致了企业的灭顶之灾。

原因？

B公司进入目前的困境，其原因可能是：

盲目信任了上游客户F们。

乐观估计了经济形势并被地方政府H们进行了神助攻。

A先生、C总裁、D总们草率地进行了一些投资。

A先生或C总裁轻易接受了大量E们的融资。

A先生轻信了部分C及D们部分职业经理人的职业操守。

A、C、D们有意无意忽视了经营现金流管理。

都是企业的锅?

种种的这些天灾人祸导致了B公司的困局。

企业作为法人，如果犯了错，那么就有过，就得担责承受处罚，道理很清晰。

如果深入究其实质，企业本身只是虚拟化的市场主体，真正主导实施的一定是人，是管理层、决策层、企业主。

一定是与企业相关某些人的错误、失误、犯罪无意或有意地导致了企业过错的产生。

很多时候，造成过错的人换岗、离任或被免于追责，则所有的过错只能由企业承担。

另一方面，由于市场及法制的不健全，企业过错的产生实际上又可能是某些政府部门的问题、监管机构的问题所导致。或放任，或忽视，或不作为，或神助攻，而这种过一样只能由企业承担。

还有一种较普遍的情况是，由于被其他企业如F们所拖累，导致企业本身的过，而这种过的后果又只能由企业自身承担。

后果

所有的过最后都只能由企业来承担，所有的锅最后都由企业来背。一旦承受不住，则只能破产乃至清算。

一旦走到这个地步，特别是对于大型企业，由于其公众化社会化的属性，这种损失实际上是由全社会承担，包括员工、供应商、客户、债权人、其他股东等。而且往往这种损失的影响往往会超过企业原本损失的数倍乃至数十倍，其社会影响及对市场的影响更是难以估量。

一家大型企业的清算往往会蔓延数年乃至遥遥无期。这种伤害对经历的各参与方来说异常痛苦而且惨烈。

疑问

由于现行做法，只能如此。

但如果根源只是因为某些人的错误、失误、过失、犯罪导致其他无辜的员工、供应商、客户、债权人、小股东承担实质性的损失，且对社会造成实质性的伤害，这肯定是不公平的。

这种矛盾积累到一定的程度肯定会产生越来越多的社会问题，不可不慎。

可行思路

解决问题的关键是，各自责任各自承担。

一方面要总结、反思、复盘。可以谅解，可以包容，但要有真相。只有这样，才能真正建立起职业经理人负责制以及企业家负责制。只有这样，我们才能继续更好地前行。

另一方面需要善待企业，以保护、重整、挽救企业为目的完善破产制度，因为挽救一家企业的损失会远远小于灭失一家企业的损失。可以考虑设立专门的政府机构及国有基金来处理这些问题。

实事求是，共情同理，谅解包容，可能这才是真正解决问题的方式。

简单与复杂

01

市场行为、经济活动某种程度上本就是一种博弈游戏，企业是其中的重要参与方，同游戏一样，有游戏规则及框架限定。

可以这样做些模拟。不过游戏本身又可以分为简单的复杂游戏（如围棋，封闭框架，可控），以及复杂的简单游戏（如扑克，开放框架，不可控）。

很多人善于、精于算计的有限封闭框架下的围棋思维，而只有很少人真正善于开放框架下的对赌游戏思维。

02

经营企业的核心目的是利益，起码得能养活自己。在解决客户的问题、满足客户的需求时，让对方愿意付费并能收到费用。

从这点来看，这是个简单游戏。

但不简单的是这个游戏要受到很多因素的约束，如宏观经济、微观经济、行业发展、市场行情、客户情况、监管政策、产业政策、金融政策、政府态度、竞争对手、世界形势、周边环境、管理水平、商业模式、原材料市场、劳工市场、社会舆论、合伙人情况等。而且随着经济规模的迅猛发展，很多因素的不确定性越来越强，需要考虑的因素越来越多。种种不确定性复杂局面的加剧，导致企业持续经营发展难度也愈加提升。

因此，可以说企业经营一定属于复杂的简单博弈游戏。更呈现为多因素、多约束、开放框架、难可控、不断对赌的状态。

03

由于更希望可控，更希望面对确定性，现实中的很多企业经营中更偏向于参与有限封闭框架下的简单的复杂游戏。

一旦如此，往往在精确计算下，可能会获得一时的成功，但往往却很难长久。究其根本原因主要是精于计算只会越来越偏于利己，而只满足于利己的后果往往就是失道寡助、渐失民心。

在《聪明人为何无法征服世界？》一文中，作者对复杂的简单游戏场景下扑克牌高手的特征进行了总结：①概率化思考的个人决策系统；②理解运气、风险和不确定性；③博弈高手；④控制自己和他人的情绪；⑤反复训练直觉；⑥“理性+情绪”的双脑决策；⑦启发式思考。

文章很长，非常值得认真阅读，建议大家可以网上搜索后学习下。

04

是否可以简化下，找到能在一种基本逻辑指导下的长远之道？粗略算计、有限博弈、和谐共生、求同存异。

很多情况下，事物呈现出的复杂状态实质是由其底层逻辑的多样性及混乱性所导致。

现代民企的五层逻辑体系可能是缺失、不完整的。

在前三层外部表观逻辑、内部基本逻辑、是非逻辑中，只要不触及法律逻辑，民企几乎可以高效顺畅地发展。

因此其表现为，民企在中小企业阶段除了需要考虑生存问题外，几乎可以完全独自埋头发展，属于不太复杂的简单游戏。

但是，如果民企壮大成为大型企业、公众企业后，必须要面对更深、更高层级的逻辑考验时，游戏变成了极度复杂的简单游戏。

05

在复杂的简单游戏情境下，如果逻辑不清晰、不完整、有缺失，在面对众多约束条件下的不确定性时，很容易迷失进而走偏。

其结果很可能就是企业在不知不觉之中滑入了深渊，面临了更加复杂而未知的不确定性考验。

因此民企需要建构完整的五层逻辑观，特别是大型企业、公众企业。一定不能凭管理人员的自行认知，来弥补其善恶逻辑及行为逻辑缺失造成的不足。

应该将缺失的两层逻辑内化统一为：以致良知的知行合一行为逻辑指导下的法律逻辑、商业逻辑、市场逻辑以及企业规矩，并严格接受其约束和规范。

五层逻辑的五层次性是统一、完善、和谐的，不能缺失、不能失衡，只有这样系统才能均衡、和谐，复杂局面下企业才能走得更长久，发展得更良性。

用良知来应对复杂，可以试下。

控制与放手

01

任何事物都不是孤立存在的，更何况是承载众多复杂职能及关系的企业。

企业是谁的？从何而来？要做什么？向何处去？

这几个问题应该分阶段看待。随着企业的发展阶段不同、影响层级不同，企业的“灵魂四问”答案可能也不同。但基本的原则应该是，企业是独立法人，从某种意义上来说是有独立生命力的生命体。

企业的成长，如同孩子的成长。更如同熊孩子的长成，很费心、很麻烦，会得病、会逆反，十分不容易。而且一旦熊孩子长大成人了，可就不是孩子了。

02

第一阶段，企业家的企业

适用阶段，初创及中小企业。

这个阶段，企业一定是企业家的。如同孩子离不开父母。没有企业家的全力呵护、全力付出，一定没有企业的发展及未来。只有会教育孩子的父母，才有可能会获得孩子健康成长的回报。

企业这个孩子就更复杂，在严格的丛林法则下，绝大多数的企业突破不了这个阶段，或夭折，或猝死；或被动消亡，或主动赴死；或畸形发展，或营养不良；更大可能是，不死不活、不好不坏、不上不下，苟且求生；还可能是，发展到一定程度，很难继续突破，只能维持规模，如同停止发育。

这个阶段，企业就是企业家的。需要企业家的完全掌控。

第二阶段，企业的企业家

适用阶段，有市场基础的中型企业。

这个阶段，企业已经在市场上站住脚了。如同进入青春期的少年，有自己的想法，有自己的基本生存能力，也有了自己的叛逆。

这时候企业家更多地要为企业本身的发展考虑了，如未来发展、市场定位、企业使命、企业文化、组织建设、商业模式、内部控制、人才培养等。

这个阶段，企业家是监护人。需要企业家的基本掌控及初步授权。

第三阶段，企业的企业

适用阶段，具有行业地位的中大型企业。

这个阶段，企业已经被市场彻底认可，在行业中也具有一定地位。如同刚进入成人期的小伙子，充满朝气、活力四射、潜力无限。

这时候企业家需要形成核心团队为企业深入细化及仔细梳理了，包括市场营销、客户关系管理、制度建设、内控体系搭建、资源整合、人力资源体系建设、企业形象建设、企业文化完善等等。

这个阶段，企业家及核心团队共同成了企业的掌控人，需要企业家的领头及更多授权。

第四阶段，社会的企业

适用阶段，具有足够市场影响力及公开发行上市的企业。

这个阶段，企业已经被社会广泛认可及知悉，成了真正意义上的公众公司。如同刚进入成熟期的中青年，睿智、团结、创新。

这时候需要企业家带领成熟的职业经理人团队为企业多维度多角度地扩展外部及内部生存空间，包括投资融资、大客户维护、平台建设、社会责任、政商关系、监管机构的监督与被监督、风控体系完善、权利分配及制衡、人才梯队建设、激励及考核、供应链管理等等。

这个阶段，企业家及职业经理人团队共同成了企业的管理人，需要企业家的监控及较大授权。

第五阶段，有使命的企业

适用阶段，行业领头羊，资深上市公司。

这个阶段，企业已经成为行业领导者，真正意义上同社会及地方经济融为一体。如同进入成熟期的中年，有权威、有力量、有地位、有话语权。

但成熟的同时，也不可避免地伴随着越来越多的问题，而且如果在前几个阶段未能重视并控制住的话，会逐步蔓延发作，如官僚化、腐败化、内部小利益群体化、部门利益至上化、既得利益者把持化、流程烦琐化、无意义工作泛滥化、外部风险忽视化、形象面子夸大化等等。

这时候需要企业家督导管理团队及执行团队直面企业深层次问

题、平衡好各种矛盾及关系，主要有利益与分配、权利与制衡、集权与分权、效率与公平、守法与违法、道德与约束、风险与投入、短期与长期、少数与多数等等。

处理不好，企业反而很容易出问题，一旦面临外部环境变化，很容易应对失当、难以变革，如同癌细胞扩散。

此时需要更多考虑的是：总部平台化、渠道多元化、团队专业化、内部市场化、资源共享化、重点领域突破化、种子业务提前布局化。

这个阶段，企业家更多的是作为精神领袖及监察督导员，需要放手，但要加强风控。

第六阶段，国民级的企业

适用阶段，有良知的超大型企业。

这个阶段，企业已经成为国家层面的明星企业，举世瞩目，已经真正意义上同国家及全球经济融为一体。如同历经考验、辉煌深邃、富有远见的智者，成熟更体现为一种精神力量。企业的一举一动，皆是全民瞩目。

这时候企业的很多事已经不是企业的事了，需要更多地考虑前沿科技、社会责任、民族责任、未来方向、国家大义、人类使命了。

这个阶段，企业家是精神领袖及舵手，更需要考虑企业的传承与稳定。

03

回到开头的问题。

企业是企业家的吗？

企业小的时候肯定是，成为公众公司时就不只是，大到使命级国民级企业就越来越不是。

因为企业的利益相关方除了企业家外，还会逐步多出了股东们、员工们、职业经理人们、客户们、供应商们、各类债权人们、各类债务人们，甚至还包括社会公众、地方政府、国家及民族。

企业离得开企业家吗？

如同生命成长中的父子关系，企业幼小阶段需要企业家的保护呵护，企业成长阶段需要企业家的指导引导，企业成熟阶段可能不需要但有了问题又能随时出手。

因此，企业大了可以离得开企业家，更需要企业家的默默守护，而不是封建家长式的掌控。

三体与蜕变

01

不是三角，是三体！

企业发展到一定程度，随着规模的迅速扩张，其内部管理也愈加复杂，企业各方都会出现力不从心的局面。

究其原因，可能是企业家、职业经理人、企业三者所代表的三权（所有权、经营权、监督权）进入了三体困局之中。

三角关系是稳定的，但一旦成为三体关系，其复杂程度近乎令人抓狂。

如果不能有效破解，一定会进入三体困局。

何为三体问题？就是三个独立体在相互引力作用下的运动规律问题，其复杂性在刘慈欣科幻小说《三体》中可见一斑。当只有一颗恒星的时候，问题是非常简单的，就如我们的太阳一般。而一旦恒星的数量增加到了三颗，那么问题就变得非常复杂。无论三颗恒星的质量、初始位置以及初始速度是什么样的，要想精确计算出三体系统的运动规律都是一件几乎无法完成的任务。

02

从企业的权利（所有权、经营权、监督权）演化来看，存在权利一体期、两权出现期、两权分化期、三权产生期、三权分化期、三体困局或三权成熟期、三权和谐统一期等七个阶段，与此相对应着事物发展演化的母体期、赋能期、催化期、体验期、形意期、蜕变期、大道期七个发展阶段。

企业发展的七个阶段也正是企业所有权、经营权、监督权“三权”矛盾冲突下演化融合的产物。随着这些矛盾的出现并逐渐被克服解决，企业也会逐步发展壮大、走向辉煌。

但第六个阶段的蜕变期最是凶险。一旦处理不当、选择错误，很可能会掉头向下，面临巨大危机。

我们称之为三体困局期。

03

三体困局的出现可分为萌芽期、发展期以及成型期。

萌芽期对应着权利一体期、两权出现期、两权分化期。为所有权同经营权之间的两权演化发展结果，企业从初创阶段进入中型企业阶段。

发展期对应着三权产生期、三权分化期。其关键标志是职业经理人团队的发展及壮大，出现监督权的内外部强需求。对应着企业从中型企业阶段进入大型企业阶段。

成型期对应着完整三体期（三体困局期）。所有权、经营权、监督权需要实质性分立，企业成为大型社会公众公司。

04

企业在经历了萌芽期以及发展期后，进入完整三体蜕变期，这时很容易陷入三体困局之中。

该阶段企业一般为大型公众企业，需要承担不少社会责任，属于带有使命的企业。

企业已成为行业领导者，可能是资深上市公司，并真正意义上同社会及地方经济融为一体。

职业经理人同企业及企业家开始升级为委托关系，全面接管了企业经营权。

但由于职业经理人团队的发展壮大，也不可避免地产生越来越多的问题，如官僚化、腐败化、内部小利益群体化、部门利益至上化、既得利益者把持化、流程烦琐化、无意义工作泛滥化、外部风险忽视化、形象面子夸大化等等。

这时候需要企业家督导管理团队及执行团队直面企业深层次问题、平衡好各种矛盾及关系。

处理不好，企业则很容易出问题，一旦面临外部环境变化，很容易应对失当、难以变革，如同癌细胞扩散。

所有权、经营权、监督权需要实质性分立，由于职业经理人团队的全面掌权及高度复杂性，要求出现以内控及风控为主需求的监督权的实质性存在。

但实践中，很多企业无法突破或实质性做到这一点，从而导致三体困局下的企业不断震荡，最终崩溃。

05

三体问题可以解决吗？

从物理学来说，三体问题目前理论上无解。在一般三体问题中，每一个天体在其他两个天体的万有引力作用下的运动方程都可以表示成三个二阶的常微分方程或六个一阶的常微分方程。因此，一般三体问题的运动方程为十八阶方程，必须得到十八个积分才能得到完全解。然而，目前还只能得到三体问题的十个初积分，还远不能解决三体问题。由于三体问题不能严格求解，在研究天体运动时，都只能根据实际情况采用各种近似的解法。

企业管理上的三体问题本质上是所有权、经营权及监督权的三权博弈问题。但仅靠表面上的股东会、董事会、监事会以及高管团队的形式上分割就能解决问题吗？

从实际结果来看，远没有这么简单。

企业发展的最后阶段是三体合一期。但需要融合突破，具有极高难度及挑战性。只有能成功突破到事物发展第七阶段的大道期，才能真正摆脱三体困局。

一旦进入该阶段，企业属于超大型国民现象级企业，举世瞩目，已经真正意义上同国家及全球经济融为一体。如同真正的生命般，企业是外在身体般的体现，职业经理人是理性及思考的智慧体现，企业家则是精神领袖及灵魂的体现。

企业、企业家、职业经理人可以做到三位一体，内部能有效分工、高效合作。

此时，三权可以完整而和谐地辩证统一。自然，能做到这些，已是万里挑一。

06

回到企业管理上的三体问题。

三体问题就是三权问题。在企业已经蜕变为社会公众公司后，三权失衡一定会演变为无解的三体困局。

那平衡的三权应是怎样？

经营权。由企业委托或授权的职业经理人团队掌控。

所有权。由于公众公司的股东多样性及复杂性，更多地应体现为股东会授权的以董事会为代表的立法权及决策权的承担。

监督权。代表了社会公众、小股东、政府部门、普通员工们的利益诉求及规范要求，更应体现为股东会授权的独立经费、独立机构、独立专业人员的以监事会为代表的监督权。这种权利应包括内部控制、风险控制、合规审计、纪检监察等可以直接落地的专项权利，当然也可能包括蓝军（内部对手）的体系构建。

自然，这种三权分立适用阶段一定是处于三体困局期的企业。做不到三权分立，起码也得做到经营权与所有权（含监督权）的两权分立。

07

从企业的三权演化发展来看，存在一体期、分体期、两体期、三角期、有限制的三体期、三体困局期以及三体合一期七个发展阶段。

每个时期的权利运用及分配都有其特殊性及适用性。如果抱守以前的成功经验而不加以及时调整的话，企业很容易陷入混乱。

对于企业三权，不能死守不放，但也不能轻易放手。

如何平衡，如何辩证统一，一定是场艰难的考验。

第二章 案例应用篇

案例一：企业风控体系构建思路

一、工作目标

建立企业全面风险防控体系。

二、工作原则

四大原则：风控前置，三级防控，全面覆盖，协同作战。

1.风控前置

以防为主，建立重大风险管理制度，尽量预防决策风险及重大经营风险的发生。

2.三级防控

第一级：风控中心（合规、审计、监察）。为集团防控体系的核心机构（其中合规部为核心统筹调度单位），以全集团的监督、防控统筹为基本职责、首要职责。

第二级：各职能机构（不含营销）。为集团防控体系的中坚机构，以专业职能服务为主，监督功能为辅，各专业统筹为补充。

第三级：各业务单元（含营销）。为集团防控体系的前线机构，以业务为主，同时兼顾自身业务风险。

连接线：由各单元风控联络员担任，全面覆盖至各第二级、第一级职能及业务单元；成熟后逐渐由风控联络员转为风控经理（根据重要程度专职或兼职，并考虑同各单元监事角色合并）。

3.全面覆盖

全面、全程、全员，无遗漏点，逐步完善风险点管理体系。

4.协同作战

根据具体风险，指导、联合、统筹、协调各相关机构协同作战，共抗风险。

三、工作流程及内部分工

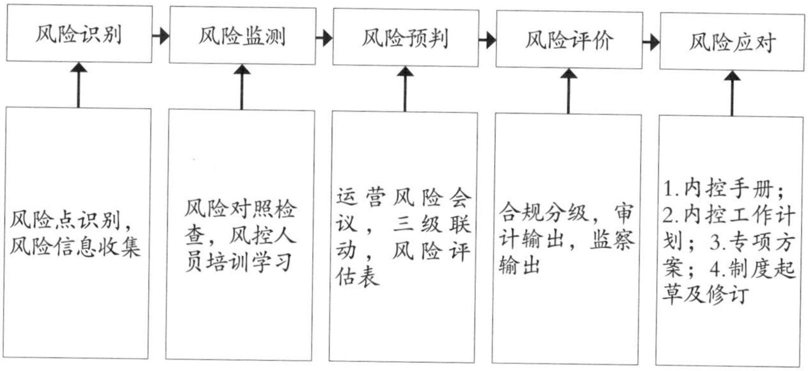

1.合规风控部

内控体系建设，制度管理体系建设，风险管理体系建设，风控组织体系建设。

2.监察部

过程监察（抽查、暗访），文化监察，管理监察，制度监察，反腐监察，人事监察，举报管理，监察动作（约谈、处罚、移交司法），输出建议，党建工作，风险点（风险地图）。

3.审计部

项目审计，子公司审计；前端审核，过程审计，专项审计；例行审计，抽查审计；不良资产认定及责任评审。

4.法务部（专业部门）

法律服务、法务监督，法务工作统筹，联合检查。

四、具体工作

1. 建立运营风险联席工作会议制度，采用月度、季度、年度形式，输出运营风险报告。包括：季度会议、年度会议、重大事项临时会议。参与人员：风控小组及其他需要人员。会议内容：集团、各子分公司、各大中心层级风险回顾、总结、讨论、预判及应对。会议结果：形成决议，输出风控动作措施。

2. 建立全面覆盖企业的风控联络员制度。

3. 绘制风控地图，建立重点部门重点岗位内控风险点管理制度。

4. 树立边界管理意识，建立负面清单制度（以处罚为主），建立正面清单制度（以奖励为主）。

5. 加强党建工作。

五、设立企业层级风控小组

1. 工作目标。底线思维，直面风险；支持帮助，为一线服务；对公司各模块的运营、管理、决策等方面进行复盘、体检、纠偏，并为其良性发展提供专项支持。

2. 工作职责。

战略配合工作：企业运营模式和管控模式研究、应用、对接；外部风控工作研究及对接。

决策支持工作：决策事项的风险调研、预判、模拟、推演、应对；根据前述结果提供决策事项的依据、参考、修订；协调决策后执行阶段风险控制节点、标准及措施的落实；接受其他分配的调研课题。

风险识别及评估工作：

（1）定期组织企业级运营风险评估联席会议。

（2）主动收集风险信息。一方面，采用群众路线，主动深入基层、一线、前沿，采用访谈、考察、调研、复盘总结、数据分析等各种形式收集风险信息；另一方面，主动倾听，鼓励基层反映问题，逐步恢复邮箱、信箱、电话、听证等多种形式的信息上访渠道。

（3）督导各模块风险自查及风险防范。主动对企业各模块提供风控工作支持与服务；确保其建立风险自查机制（填写风险自查表），树立风险防范意识，逐步绘制出全面的风险地图，逐步完善其适合的风险防范体系。

（4）风控措施输出及落实。采用风险提示、风险警示、重大风险警报进行预警，采用联系、公告通知、责成、关注、政策修订、落实跟进等形式输出风控措施及风控动作。

3.各模块风控基本关注内容。

内部相关风险：内部治理及管控、内部运营、内部基础。包括：管理模式、奖惩模式、分配制度、规范性、财务状况、人才匹配、项目管理、质量安全、成本控制、可持续性、法律诉讼、风险防范等。

相关外部风险：外部环境、外部关系、外部基础。包括：相关外部的政策、制度、标准、规范、人事、管控、市场、行情、供应链、同行、监管等。

案例二：某板块访谈问题汇总及分析（节选）

注：1.访谈时间：××××年×月—×月；2.被访谈人员××名，含××板块负责人大部；3.负责人：××。

序号	问题	原因分析	影响及后果	建议措施
1	客户及项目问题	资质问题；资格问题；资料问题；体系问题；市场问题；内部配合问题	优质项目及客户越来越少，恶性循环；合同条款越来越苛刻，利润越来越低，收款越来越难；市场机会的丧失	属特重点问题，很复杂，越来越棘手；需高度重视，逐项研究、逐项攻克
2	考核指标问题	盲目提高考核利润率；以后端高额费用倒逼前端业务单位；过度考虑整体财务数据，为财务牺牲业务	不满意，有情绪，无奈、无语；业务萎缩；业务流失；骨干流失；失去正常激励作用，丧失积极性；体系性的伤害	根据市场行情及实际情况制定考核利润率；根据前端承受能力决定后端费用；内部市场化；实事求是，不过度看重财务数据

续表

序号	问题	原因分析	影响及后果	建议措施
3	周转资金问题	前期放太松，出现很多问题，现在“一刀切”；不适合大资金大项目；金融服务业务方向的严重偏离；项目资金专业管控的缺乏；集团内部协调及统筹的缺失	制约项目的承接；逐步弱化公司市场吸引力；业务恶性循环；丧失服务能力及利润来源	以项目周转资金的实质回归金融服务的正常轨道；严把项目入口端，确保优质项目、优质客户；坚持内部资金管控本质；以服务本质属性全面梳理业务流程
4	职能统筹问题	缺乏全面性统筹；缺乏各职能板块统筹；缺乏各类基础资源的数据统筹；缺失统筹的公正性及透明性；职能部门各自为政、画地为牢、以自保为第一要义	严重影响集团的整体运作；严重影响集团的各项业务开展；导致集团大而散，缺乏凝聚力；官僚主义盛行；难于壮大，易于内塌	将各职能部门的统筹功能剥离，建立强有力的统筹部门；新设统筹部门全面、全过程、无死角统筹、策划、整理
5	管控与服务职能错位问题	职能部门过度强调管控而忽视服务；现实中很难同时履行管控及服务职能；管控不专业，服务也不专业；用人不当，长期内耗	一线部门不被重视，存在被歧视、忽视感；优质业务、骨干人员流失；没人负责，宁可坐等事件恶化；官僚主义盛行，办事效率低下；该管控不去管控，该服务又不去服务，存在套利空间	尽可能将管控职能及服务职能分开；将管控职能尽可能交由专业的部门承接；考虑将服务职能内部市场化，引入赛马机制、内部付费机制、市场准入退出机制

续表

序号	问题	原因分析	影响及后果	建议措施
6	规则制定问题	本位主义，跨部门很难实施；容易得罪人，减少套利空间，丧失部门利益；现有体系导致缺乏专业人员、缺乏高度、缺乏大局观，甚至是缺乏深入思考的时间及空间；部分核心管理人员严重的战略失误及战略错判	该有的规矩没有，不该有的限制却不少；混淆了事物的本质，加大了管理难度及管理成本；导致体系越来越低效、越来越庞大，但看上去反而大家都很忙碌、都很敬业	将规则制定及审批权力归集，成立专门的规则制定部门，包括企业研究、行业研究、政策研究、政策制定、决策参考；制定企业内部立法法；建立评审机制；建立投票通过机制
7	数据化信息化问题	信息孤岛化；数据不能实时化；不能清晰界定前台、后台各项费用及成本	管控手段僵化、死板、低效；加重一线部门负担；抬高管理部门成本；降低市场竞争力	明确数据化信息化的重要目的是管控，这些职能交由专业部门负责；外部及内部市场化，尽可能采用市场化定价方式；加大移动端数据采集力度；利用大数据管控手段
8	管理模式及战略方向不清晰问题	一线部门存在困惑；具体政策摇摆不定；模式及方向摇摆不定	产生困惑；产生不信任；从底层损伤企业文化	博采众长，深入研究，慎重决策；兼顾高度、深度、广度及温度；清晰、明确、稳定的模式及方向；标准化宣贯

案例三：某年重大风险及应对汇总表（节选）

序号	重大风险	风险起因	风险程度	风险后果	发生概率	防范措施	课题负责人	实施责任人	协办人时间等
1	资金安全风险★★★★★★	业务回款艰难、银行融资不畅、到期债务支付、费用失控、败诉赔偿	非常严重	可能导致业务停滞、大量诉讼、资金链断裂，严重的话企业猝死	越来越大（经济不景气、贸易战加剧、去杠杆）	集中统筹收支（含全部各个业务模块、分子公司等，不漏项）；业务上坚决以现金为王，不垫资、不融资、不负债；积极压缩各项费用，不冗余、不浪费、减档次、不通融	×××		
2	宏观经济风险★★★★★	经济危机发生，民企生存环境恶化，合法合规性继续强化	非常严重	业务萎缩，资金困难，大规模裁员，诉讼不断，诱发企业系统性、全面性风险发生	可能性大	认清局势，不做幻想，最坏打算，画出底线	×××		

续表

序号	重大风险	风险起因	风险程度	风险后果	发生概率	防范措施	课题负责人	实施责任人	协办人时间等
3	财会政策风险★★★★★★	某年将实施新政策	可能非常严重	收入减少；利润下降；二次经营困难；更规范；信批更详细；监管力度可能加大；股价估值下降；引发连锁反应	确定性强，非常大	高度重视，不存侥幸；按新政策重新从严测算，出具模拟报表；提前处理，提前化解；根据新政策要求，从上至下全面调整梳理相应的战略决策、工作思路、经营模式、管理方式等	×××		
4	业务及市场风险★★★★★	盲目扩张、产品低价、项目潜亏、回款问题、部分项目预估利润同实际利润差值过大问题等	严重	利润下降、现金流减少、应收账款增加	大	业务检讨及重新梳理；规范流程；严格防范违规行为；实事求是，不高估、不夸大、不臆想；做好项目后评估	×××		

续表

序号	重大风险	风险起因	风险程度	风险后果	发生概率	防范措施	课题负责人	实施责任人	协办人时间等
5	重要客户风险★★★★★	重要客户出现资金问题、政治问题、重大负面新闻	严重	业务急剧下滑，资金急剧萎缩，股价巨幅波动	较大	坚持跟踪，及时跟进，及时反馈，及时处理，预留处理资金	×××		
6	债务风险★★★★	债务无力清偿；延迟还债；局部违约；子公司债务危机	严重	资金链断裂；讼诉；被迫执行；企业猝死	较大	全面梳理（股东、集团、分子公司、分支机构），摸清数据（银行借贷、其他金融机构借贷、对外担保、保底承诺）、做最坏打算，打提前量	×××		
7	管理风险★★★★	不顾及股东利益；人员膨胀、因人设岗；管理费暴增；因养活人而倒逼业务及战略；高薪酬、高福利；职务腐败、职务犯罪	严重	加剧业务风险、资金安全风险	较大	严格保护股东利益；严格控制人员；因事设岗、裁岗、并岗；检讨人力资源政策；严格自查自纠；加大在职离职审计力度；根据宏观形势及真实业绩制定薪酬制度；非核心部门积极探讨外包可行性	×××		

续表

序号	重大风险	风险起因	风险程度	风险后果	发生概率	防范措施	课题负责人	实施责任人	协办人时间等
8	劳资风险★★★★	业务收缩导致规模化离职、辞退；劳务用工不规范；社保不足交等	严重	大量补偿金；出现索赔；劳动仲裁；引发内部矛盾；引发外部关注	大	提前准备，做好预案；准备好补偿资金池；签好辞退离职协议；识别核心人员、危险人员，区别对待	×××		
9	资本市场风险★★★	经济下滑，行业不景气，同行业连续“爆雷”，估值下降，股价持续下滑	严重	资金缺口加剧；融资困难；投资人失去信心；企业口碑变差；引发关注；引发债务危机	大	正视现实，做最坏打算，底线思维，建立防火墙、隔离带，杜绝违规	×××		
10	财务规范性及税务风险★★★	不规范财务、税务行为	严重	引发监管方关注及现场稽查	较大	自查自纠，统一验收	×××		

续表

序号	重大风险	风险起因	风险程度	风险后果	发生概率	防范措施	课题负责人	实施责任人	协办人时间等
11	新业务风险★★★	打不开局面；连续亏损；缺乏前景；存在致命技术、市场、客户、资金问题	较严重	浪费资金、人力、物力；导致集团战略偏移，战略失误，战略不能聚焦	大	全面检讨，全面梳理，忍痛割爱；识别真金，保留火种	×××		
12	投融资项目风险★★★	资金回收困难，监管缺位，诉讼不断，风险预估不足，被诈骗等	较严重	加重资金安全风险，浪费大量人财物，诉讼危机	大	加大原项目监管力度，做好最坏打算，及时处理，及时止损，对违规行为坚决打击，不心慈手软	×××		
13	供应商风险★★★	资金恶化，大幅压缩支出	较严重	加剧资金安全风险，业务成本提升，市场口碑下降，引发诉讼，引发监管及媒体关注	大	集中统筹支付（含全部各个业务模块、分子公司等，不漏项）；有保有压；按期确定支付额度，坚决按评估结果优先顺序支付；杜绝漏洞	×××		
14	其他						×××		

说明：

1.集团×××为全面风险管理第一责任人，负责筹建并管理集团风险管理小组。

2.集团××部门为风险管理牵头部门，辅助×××对风险负全面责任，包括预警责任、协调责任、督导责任。

3.由专项风险实施责任人、专项风险课题负责人、专项风险协办人共同组成本专项风险小组，定期召集专项会议，实行例会制。

4.专项风险课题负责人要求忠诚、可靠、负责任，并签署保密协议，主要职责为：提交本专项《项目风险研究报告》，包括（并不限于）深度分析、评估预警、防范措施、实施步骤（计划、时间、主办人、协办人）等内容；按季度提交本风险项目跟进报告，出现突发情况时可随时向最高层上报；辅助风险应对实施责任人执行具体工作，当好参谋、做好督导；作为专项风险小组副组长参与专项风险小组各项工作。

5.风险应对实施责任人为本专项风险应对第一责任人，全面负责该风险的应对、防范、处理；接受风险项目课题负责人的建议、督导、辅助；作为专项风险小组组长负责专项风险小组各项工作。

6.风险应对协办人听从实施责任人的工作安排；作为专项风险小组成员参与专项风险小组各项工作。

7.某专项风险确定解除后原专项风险小组才予以解散，并由该专项风险课题负责人提交项目后评估报告。

案例四：流动性风险模拟及应对（节选）

<table>
<tr><th>风险假设</th><th>一级影响</th><th>二级影响</th><th>三级影响</th><th>对策</th><th>类别</th><th>措施</th></tr>
<tr><td rowspan="12">发生流动性危机，到期无力支付刚性债务</td><td rowspan="6">银行</td><td>查封账户</td><td>资金只进不出</td><td rowspan="12">应对策略（成立专项小组，采用倒计时反推）</td><td rowspan="6">银行刚兑必付，全力清偿到期债务；提前制定银行沟通计划；按计划积极做好沟通工作</td><td rowspan="2">提前处置资产（清理资产清单，统筹处置可能变现资产）</td></tr>
<tr><td>提交还款计划</td><td>被严格监管</td></tr>
<tr><td>强行处置资产</td><td>被动接受</td><td>归集现金流（集中统筹），严格支付管理纪律</td></tr>
<tr><td>发起诉讼</td><td>强制执行</td><td>大客户应收账款回款</td></tr>
<tr><td>被动破产重组</td><td>若重组成功则换股东</td><td rowspan="2">启动融资计划，作为关键节点备用金</td></tr>
<tr><td>被动破产清算</td><td>破产倒闭</td></tr>
<tr><td rowspan="6">资本市场</td><td>查封公告</td><td>第一次暴跌，投资人质问</td><td rowspan="6">资本市场</td><td>提前重组，引入增量资金，信用增级</td></tr>
<tr><td>监管机构关注问询</td><td>第二次暴跌，反复阴跌，市场传闻泛滥</td><td>股权处置，引入新股东（同重组结合）</td></tr>
<tr><td>监管稽查</td><td>第三次暴跌</td><td>重组成功，市值回升，良性循环</td></tr>
<tr><td>问题引发连锁反应</td><td>跌入1元内，到时间摘牌</td><td>启动定增，恢复资本市场融资能力</td></tr>
<tr><td>重组无起色</td><td>彻底丧失资本市场融资能力</td><td rowspan="2">明确业绩触底回升计划，恢复市场吸引力</td></tr>
<tr><td>引发集体诉讼</td><td>无力回天</td></tr>
</table>

续表

<table>
<tr><th>风险假设</th><th>一级影响</th><th>二级影响</th><th>三级影响</th><th>对策</th><th>类别</th><th colspan="2">措施</th></tr>
<tr><td rowspan="5">发生流动性危机，到期无力支付刚性债务</td><td rowspan="5">内部经营</td><td>品牌严重受损、公司信誉恶化</td><td>业务更加难以开展，合伙人逐步脱离，政府及国企项目难以承接</td><td rowspan="5">应对策略（成立专项小组，采用倒计时反推）</td><td rowspan="5">内部经营</td><td rowspan="3">原业务</td><td rowspan="3">释放潜力，向新业务、其他优质业务强力倾斜资源；人事调整、组织调整，专业化、平台化；问题业务逐步收缩；失血项目强力止血</td></tr>
<tr><td>客户不信任</td><td>付款更苛刻</td></tr>
<tr><td>失血项目继续失血</td><td>难以继续履约，被迫中止，引发处罚，雪上加霜</td></tr>
<tr><td>相关人员欠费闹事，欠款强制优先执行</td><td>现全流更加恶化</td><td>新业务</td><td>×××、×××等，同重组方合作</td></tr>
<tr><td>供应商欠款无力支付</td><td>供应商诉讼，债权更加复杂</td><td>不良资产</td><td>启动不良资产处置工作</td></tr>
</table>

说明：

鉴于当前经济状况，全国范围内行业持续低迷，严重影响到公司的业务发展及回款进度；为了应对经济大环境及行业性双重风险冲击，应积极拟定合理的应急预案，建立最高层面经营风险决策小组机制统筹集团经营风险管理工作，以保证公司安全流动性为底线，加大预收账款回收，加大融资力度，盘活优质存量资产，处置不良资产，精兵简政，优化集团、各分公司、各子公司的支付款项管理等各种措施，以应对当前经营风险。

1.建立经营风险决策小组机制

建议设立以×××等核心部门负责人为组员的经营风险决策小组，全面指导和推行当前现金管理工作；抽调精干人员，组建执行小组，严格落实公司经营风险应急处置方案。

业务部门以单位负责人为第一负责人，财务经理为第二负责人，全面负责本单位现金管理执行和落实工作。

2.现金管理工作基本思路

应收账款管理：从公司层面对应收账款事宜进行统筹、管理、监控；各业务部门需对本部门应收账款进行汇总、分析、按照清收难易程度进行分类，拟定清收计划，报公司统筹管理和考核；经营风险决策小组进行核实、确认及考核，各单位以周为单位严格推进清算计划。公司根据清收计划的执行情况对各经营单位负责人进行严格考核。

融资端管理：维护好融资端关系，做好融资端公关工作，找到决策关键人；了解清楚各银行当前、明年贷款政策和条件；弄清贷款续期、展期、再贷等条件及可行性；开拓新的银行、信托、基金等金融机构，寻找新的资金合作方和增加新的融资可能性。

资产融资准备：从公司层面对各经营单位的资产情况根据流动性进行梳理，做好应急处理方案，寻找合适交易方，以备不时之需。建议对公司现有固定资产、股权资产、证券资产等做整体摸底，并和中小银行、信托、基金、社会资本和其他金融投资者保持良好沟通，确保流动性需求的应急处置可行性。

现金流严控：做好资金测算，梳理公司应付未付款项，根据轻重缓急排序，优先支付紧急且重要的款项，上收各经营单位大额支付审批权，各单位负责人是资金支付状况第一责任人；基本指导原则为：能不付尽量不付，能少付尽量少付，能延时支付尽量延时支付；动员各款项应付单位，做好客户沟通和安抚工作。

组织管理：简政节流，摸清各单位实际工作情况，进行机构裁减及合并；对业务能力不达标的人员进行分流或降薪处理；对各单位的各大项开支项进行审计分析，减少不必要支出。

案例五：某企业问题调研及解决思路（节选）

经过2周的调研，通过近××位负责人的访谈，结合自身的工作经历，提出以下××企业的发展思路，以供决策参考。

一、发展模式

从×××模式进入×××模式，未来可定位为行业级×××。

二、组织模式

联席领导制：组成联席领导会，其职能类似于×××实际董事会，实行投票制，任期3年，每年可复核，头衔为董事×××。

负责人：为联席会议选出，其职能类似于实际董事长，除正常投票权外还拥有一票否决权，为×××正式外部形象代表，任期3年，每年可复核，头衔为董事长×××。

执行负责人：由大股东派出，其职能类似于×××实际管理总经理，负责人事、财务、风控、平台打造、体系建设、运营维护、企划宣传、集团内部沟通等工作，接受联席会及上级机构双重领导，每年接受集团目标责任书考核。

三、内部运作模式

1. 会议协商机制：联席会（重大决策、方针战略），院委会（由×××等组成，定期举行，协调解决各类经营问题、各种日常问题），经营扩大会（由×××等组成，宣贯、总结、广泛讨论等）。

2. 管控机制：三级管控机制。

3. 进入及退出机制：建立门槛制度。

4. 提升及孵化机制：建立提升通道机制。

5. 平台化机制：全力打造服务管理平台、共享平台、互助平台、问题协商平台为己任，建立健全相关体系制度及流程，并能顺畅运作；建立并倡导包容、开放、公平、创新的平台文化，在规范、规则、合法、底线的基础上百花齐放、百家争鸣。

6. 文化创新机制：略。

7. 企划宣传机制：利用好微信、网络、网红（内部）、杂志、展会、评奖、考察等渠道，组织撰写文章、报告、专题，进行积极推介、大力宣传。

四、外部运作机制

1. 联动工作机制：建立并完善由×××监督实施的联动管理制度，包括各关键环节的各项约定规则。

2. 资质提升机制：检讨、梳理、完善、补充各项资质，以免发生因忽视、短视造成的缺项、漏项。

3. 圈子进入机制：积极梳理、收集、征集、征询各种业务、市场进入门槛及隐形要求，由×××积极逐一攻克并进入。

调研人：×××

××××年××月××日

附表

附一：五层逻辑及七阶发展的管理应用

1.项目及企业评估的五个层级表

层级	逻辑层级	项目评估	企业评估	备注
第一层	外部表观逻辑	外部表现状态评估 关注真实性	企业外部状态评估 关注真实性	
第二层	内部基本逻辑	内部基础状况评估 关注效益性	企业内部基础评估 关注效益性	
第三层	是非逻辑	项目合规性评估 关注合规性	企业合规性评估 关注合规性	
第四层	善恶逻辑	项目可控性评估 关注可控性	企业可控性评估 关注可控性	
第五层	行为指导逻辑	项目实施评估 关注可操作性	企业行为评估 关注可持续性性	

2.科学决策的六个步骤表

步骤	逻辑层级	内容	备注
第一步	外部表观逻辑	决策事项外部表现状态 是什么，是否真实	
第二步	内部基本逻辑	决策事项内部基础状况评估 为什么，有无效益	
第三步	是非逻辑	决策事项合规性评估 不是什么，是否合规	
第四步	善恶逻辑	决策事项可控性评估 该是什么，是否可控	
第五步	行为指导逻辑	决策事项行为后果评估 做什么，是否可操作	
第六步	校验	校验上述决策逻辑层级的整体性及递进性	

3.管理权限的五层逻辑表

层级	逻辑层级	内容	备注
第一层	外部表观逻辑	事物发展的外部表象	减少干预
第二层	内部基本逻辑	事物发展的内在基础	减少干预
第三层	是非逻辑	事物发展的底线、下限、红线 强干预严管控 禁止、处罚为主	负面清单
第四层	善恶逻辑	事物发展的顶线、上限、蓝线 鼓励发扬 奖励、表彰为主	正面清单
第五层	行为指导逻辑	事物蜕变的关键线 倡导良知及知行合一 奖励、表彰、发扬，培养使命感	正面清单

4.平台化的五层逻辑表

层级	逻辑层级	内容	备注
第一层	外部表观逻辑	平台发展的外部表现	少干预或不干预
第二层	内部基本逻辑	平台发展的内部基础	少干预或不干预
第三层	是非逻辑	平台发展的底线、下限、红线 强干预严管控 禁止、处罚为主	负面清单
第四层	善恶逻辑	平台发展的顶线、上限、蓝线 鼓励发扬 奖励、表彰为主	正面清单
第五层	行为指导逻辑	平台蜕变的关键线 倡导良知及知行合一 奖励、表彰、发扬，培养归属感及使命感	正面清单

5.企业权利发展的七个阶段

阶段	发展阶段	企业权利发展阶段	说明
第一阶段	母体期	权利一体期	所有权、经营权、监督权 三权混同
第二阶段	赋能期	两权出现期	从所有权中分化出经营权
第三阶段	催化期	两权分化期	所有权、经营权并行存在
第四阶段	体验期	三权产生期	所有权、经营权并立 出现监督权的内部需要
第五阶段	形意期	三权分化期	所有权、经营权分立 需要存在监督权的强需求
第六阶段	蜕变期	三体困局期	所有权、经营权、监督权 三权需要实质性分立
第七阶段	大道期	三权和谐统一期	所有权、经营权、监督权 三权完整和谐，辩证统一

6.事物发展七步曲

阶段	发展阶段	学习发展	成长发展	故事发展	说明
第一阶段	母体期	初步学习	初步成长	开始觉醒	被动阶段初步认知
第二阶段	赋能期	深入学习	逐渐成长	继续发展	被动阶段加深认知
第三阶段	催化期	主动觉察	主动拓展	主动觉察	主动阶段 外部表观逻辑认知 主动觉察认知
第四阶段	体验期	理解学习	深入开拓	深入理解	主动阶段 内部基础逻辑认知 深入理解认知
第五阶段	形意期	学有所得	形成领域	产生智慧	主动阶段 是非逻辑认知 产生智慧认知
第六阶段	蜕变期	考验蜕变	蜕变抉择	抉择蜕变	主动阶段 善恶逻辑认知 形成善恶认知
第七阶段	大道期	融会贯通	获得成功	融合归一	主动阶段 行为指导逻辑认知 致良知下的融合

7.国企与民企五层逻辑对照表

层级	逻辑层级	国有企业	民营企业
第一层	外部表观逻辑	市场主体，独立运营；产权全部或大部归属国家，接受国资委及各级政府领导管辖	市场主体，独立运营；产权全部或大部归属个人，由实际控制人实质管理
第二层	内部基本逻辑	适中利益导向；完善的企业管理体系；缺乏能一直全身心投入的具体实际控制人；免责的过程逻辑更重于利益的结果导向逻辑；强风险控制	强利益导向；适合的内部企业管理体系；表面建有三会机制，实质可能流于形式化；强结果导向逻辑；纠结的风控体系
第三层	是非逻辑	受法律逻辑制约；受其他多逻辑体系约束：商业逻辑、市场逻辑、政治逻辑、国家逻辑、社会逻辑；多因素是非观	受法律逻辑制约；绝对遵从商业逻辑、市场逻辑；绝对的利益导向，偏向丛林法则；简单是非观
第四层	善恶逻辑	受国家、人民意志约束，必须奉行善逻辑；必须承担社会责任	可以选择善逻辑，可以选择恶逻辑，也可以奉行表面为善内在为恶的欺骗逻辑；可以不顾及社会责任
第五层	行为指导逻辑	受党章党纪规范，以为人民服务、走群众路线为基本纲领，奉行以良知为指引的知行合一的行为逻辑	自发选择，有可能选择致良知的知行合一行为逻辑，有可能因为不知而不选择，还有可能选择了知行不合一

8.投资方与被投资方五层逻辑对照表

层级	逻辑层级	投资方	被投资方
第一层	外部表观逻辑	投前环节。投出资金，获取回报：短期或长期，资金或资源，战术性或战略性等。 投中环节。监督被投方开展正常经营活动。 投后环节。投资成功，按约定获取回报；投资失败，依合同约定进行处置。	投前环节。接受资金，获得发展资源。 投中环节。利用外部资源发展企业。 投后环节。投资成功，坦然或不坦然履行合约；投资失败，倾向寻找各种理由，会认为“非我之过”，并希望对方能继续追加投资。
第二层	内部基本逻辑	投前环节。以资金换取股权或债权，形式上多种多样、充满变化，但其实质就是投资方希望用资金获得可计量的投资回报。 投中环节。希望除了财务投资外还有其他管控措施，但随着实际工作中问题的层出不穷、难以应对，实际操作中也很难监控到位。 投后环节。投资成功，希望能尽快按合同履约；投资失败，则希望追查责任，更倾向于是被投方的错误导致。	投前环节。或缺钱，或处于困境，或希望获得更多外部资源，或希望部分套现，希望能分出部分利益以获得整体更大提升。 投中环节。更希望投资方只是财务投资而无其他想法，处于监管与被监管、专业与不专业、权利与被分权的矛盾冲突之中。 投后环节。投资成功，则希望投资方能继续合作、继续发展，而不是快速变现退出；投资失败，则更倾向于认为是投资方的错，希望对方自愿认输，自行担责，不应没事找事。

续表

层级	逻辑层级	投资方	被投资方
第三层	是非逻辑	投前环节。随着法律及监管的完善，双方需要签署复杂详细的正式投资合同，形式上会满足合规性要求。正常情况下，在层层审批及监管要求下，较难出现法律意义上的是非问题。 投中环节。遵照合同行事。 投后环节。严格按合同处理。	投前环节。同投资方。 投中环节。按合同行事，但往往会多出不少外部监管及外部规范要求，这些规范要求的资料文件可能呈几何级数猛增，种种意料之外的新情况又层出不穷，很可能导致管理人员疲于应对，最终反应为企业的运营成本大幅上升。 投后环节。投资成功，按合同处理；投资失败，很可能打心眼里认为不是自己的责任，因此可能倾向于寻找理由、寻求资源违约不执行合同。
第四层	善恶逻辑	投前、投中、投后全过程环节中，投资行为本无善恶。但由于是付出的一方，往往是前期强势后期弱势，因此投资方更希望对方是善意的，是言而有信的，能够做到信守合同、言行一致。但因信息不对等，两者实际关系中实质上越往后投资方越体现为表面强势而实质弱势。	投前、投中、投后全过程环节中，被投方尽量在表面上满足投资方的各项要求。由于善恶逻辑深层次的难以识别性，表面的善意其实质却可能是恶意的、伪善的、小善的、小恶的，种种思维的复杂性会导致行为的异常复杂性，因此双方关系中越往后越体现为被投资方的表面弱势而实质强势。往往在涉及利益冲突、生死存亡等重大事项的时候，缺乏强大善恶逻辑认知的一方很可能毫无底线概念、契约精神，进而可能会不顾及一切。这种认知对于投资方来说将特别重要。

续表

层级	逻辑层级	投资方	被投资方
第五层	行为指导逻辑	投前环节。本质是利他而后利己的经济行为，不管投资人个人品行如何，投资行为本身无好坏之分。 投中环节。被动管理，居于弱势地位，更希望对方行良知。 投后环节。成功，则大家都好。一旦失败，则由于认知上的差异，会发现对方可能并无行良知的主观意愿。	投前环节。外部表现肯定为行良知，但内部实质上不可知或根本无此概念及相应认知。 投中环节。以利益为导向，可能并无良知考虑及行为指导。 投后环节。投资成功，按合同行事，自我认知是良知行为；投资失败，倾向于仅为经济纠纷，可能会采用各种无良知无底线的行为方式规避责任。

附二：企业管理应用对照表

1.企业三权本质对照表

权利	权利人	三才本质	说明
所有权	企业家/大股东	天，意志	天之道，是企业的意志与灵魂，需要“阴阳有序”来体现企业文化的变化及规律。 天之理，企业家（大股东）要有纲有领，清晰自己的定位职责。企业员工则必须要秉承使命、顺势而为，不能率性而为、违规办事，否则就会使企业遭遇灾祸。
经营权	职业经理人/管理层	人，思想	人之道，是企业的思想与能力，需要以“仁义良知”来指引企业运营的变化及规律。 对于职业经理人来说，要求敬天（企业家）、养地（企业及普通员工）；要求遵守法度、承担责任；要求遇有危难，协力相助。
监督权	企业/员工	地，基础	地之道，是企业的根本与基石，需要以“刚柔相济”来适应企业发展的变化及规律。 企业为人（企业所有员工）之母，员工们的衣食、财富、地位，都来源于企业，唯有企业源源不断产生效益，依附于企业存在的相关各方才能生存发展。

2.适度管理三类指标目标考核表

（1）某年度一类考核指标：

序号	考核指标	目标
1	基础财务指标	
2	质量安全指标	
3	合规性指标	

（2）某年度二类考核指标及权重（参考举例）：

序号	考核指标		目标	权重		得分	备注
1	财务指标	主营业务收入		20%	70%		××确认
2		扣除非经常性损益后净利润		20%			××确认
3		回款率		10%			××确认
4		经营活动净现金额		10%			××确认
5		主营业务毛利率		5%			××确认
6		加权平均净资产收益率		5%			××确认
7	管理指标	风险控制		10%	30%		××中心评估
8		资料及档案的完备性		2%			××中心评估
9		技术研发		8%			××中心核查
10		客户有效投诉次数		5%			××中心核查
11		员工培训		5%			××中心核查
合　计				100%			

（3）某年度三类考核指标：

序号	考核指标	目标	奖励措施及额度
1	××重点工作		
2	××重点项目		
3	××行为		
5	××创新		

注：考核指标分为三类。

1.第一类指标为基础考核指标（底线指标）。每项一类指标，均为否决及处罚指标。

2.第二类指标为主体考核指标（状态指标）。在第一类指标全部完成的基础上，再进行第二类指标的综合计分考核，用权重乘以得分进行加权汇总，第二类指标得分直接同绩效考核挂钩。

3.第三类指标为专项奖励指标（方向指导指标），完成该类任何一项指标均给予对应专项奖励。

3.工程类合伙人的逻辑

层级	逻辑层级	内容	原则
第一层	外部表观逻辑	有实力、专业化、有信誉；平等合作、互相尊重、互惠互利、风险共担	首先，必须以工程项目履约为核心，是工程行业的本质要求，以项目履约为中心，必须保质、保量、保交付。其次，必须做到互相尊重，这是能否长期合作的基本要求，必须要做到平等互利。再次，必须做到边界清晰、求同存异，这是管理关系的原则要求，必须有底线、有上线，做到适度管理
第二层	内部基本逻辑	能够求同存异，同在项目履约，异在各自的管理边界；具备专业化履约能力，能保证履约专业化	
第三层	是非逻辑	强底线管理，是非分明；底线（下限、红线）思维，负面清单；强规定、强管控、强处罚	
第四层	善恶逻辑	强导向管理，善恶有度；上限思维，正面清单；奖励、扶持、引导，公正而清晰	
第五层	行为指导逻辑	绝对以项目履约为中心，必须保质、保量、保交付；以专业化履约团队为核心，绝对保证履约专业化；履约过程中适度管理，不过度、不放任；抓住关键节点，以关键节点带动全套管理体系；强力推进以共享数字底座（数字仓库）为基础的数字化、信息化企业转型	

4．关于企业数字化转型

问题	解决方式	三才本质	说明
变：模式变，管理运营模式、管理流程改变；领导变，决策体系、决策方式改变；方向变，战略目标、经营方向改变	需要清晰的管理运营模式，需要科学的决策体系，需要正确合适的战略方向	管理运营模式 天元素/意志	为企业数字化“天之道”，是企业数字化的意志与灵魂。反应为阴与阳、正与负、明与暗，需要“阴阳有序”（决策逻辑及管理逻辑明晰）来体现企业数字化的发展变化
杂：要求杂，直接要求、间接要求；需求杂，各式、各类、各种需求；规则杂，明规则、暗规则、潜规则	需要有懂数字化的各类管理人才，能够有效、合理、清晰地形成、提出、使用各类管理运营数字需求	数字化管理人才 人元素/思想	为企业数字化“人之道”，是企业数字化转型的思想与能力。反应为仁与义、德与能、言与行，需要以“仁义良知”（善逻辑及良知行为逻辑导向）来指引企业数字化运营的发展变化
多：系统多，各种功能的，ERP、财务、HR、OA、CRM、BIM、MES、PLM、收银系统、电商系统、成本管理系统、工程管理系统等；软件多，各种专业、各种版本、众多厂家的，五花八门；原始数据多，内部外部、各个阶段、各个层级、各种要求的	需要打好数字化基础，需要底层数据支撑，需要建立统一的数据底座、数据仓库，只有存在坚实的、能够共享的基础数据库，才能支撑上面的千变万化	数据基础 地元素/基础	为企业数字化“地之道”，是企业数字化的根本与基石。体现为“刚与柔”，需要以“刚柔相济”（把握好原则与灵活的尺度）来适应企业数字化的发展变化

5．工程金融的反思

措施	要素分类	内容
一中心	本质	为工程项目服务，更确切地说是为工程项目的合格履约交付而服务
基础三原则	天元素	科学的决策机制，清晰稳定的发展战略，合适的管理运营模式，匹配的公司治理架构。决策机制的科学性一定是重中之重。 天之道，需要“阴阳有序”，关键是要有明晰的决策逻辑及管理逻辑。
	地元素	坚实的一线实施团队，优质的项目本身，强大的履约能力。 “地之道”，需要“刚柔相济”，关键是要把握好原则与灵活的尺度。
	人元素	专业化投融资管理人员、专业化风险控制人员及管控机制。 人之道，需要“仁义良知”，关键是有善逻辑及良知行为逻辑的指引。
实施五评估	外部表观逻辑—真实性评估	需要掌握项目的外部体现，识别外部表现中可能存在的虚假、粉饰、扭曲、篡改、设陷等成分。真实性判断包括在每个细节、每个行为中，包括人、企业、公章、合同、项目、关联方等等。
	内部基础逻辑—效益性评估	效益性评估比较复杂，决策阶段的效益性评估非常具有难度及欺骗性，但原则是一定要就事论事、实事求是、走群众路线，不能自我暗示、自我欺骗、盲从权威、迫于压力。
	是非逻辑—合规性评估	合规性评估一定是最重要也最需要关注的。不能试图游走在灰色地带、黑暗地带，不要试图打擦边球、闯黄灯。因为一旦过线后果一定是不能承受的。
	善恶逻辑—可控性评估	可控性，也是动态化、常态化风险校验，能否控制、谁来控制、谁来实施、会不会失控，有没有难点，是否太理想化、太想当然？是否存在以后失控的可能，假设条件变了、市场环境变了乃至出现系统风险了，如何控制、如何降低损失？永远不能试图挑战人性。
	行为逻辑—可操作性评估	可操作性，能否行得通，能否操作，实施时有哪些可能的问题，执行层面可不可行，需要注意哪些细节等。操作实施过程中需要特别防范知行不合一、说一套做一套、当面一套背后一套的情况发生。

附三：民企反思问题对照表

1.《缺失的环节》问题与措施对照表

序号	原因	导致问题	措施
1	公司治理结构实质上不完善	企业对系统风险、高层级风险缺乏管理及预判。 监事会、独立董事、内控部门等缺乏实权及有效的管控途径，形同虚设。	1.企业早期，以求生存为核心任务。风控目标为不触碰法律底线，要有两权或三权的概念准备。 2.企业中期，需要进一步发展，经营权同所有权分开。风控目标主要为防范经营风险：保持正现金流、控制负债、守法合规，需要专职风控部门。 3.企业壮大后，所有权、经营权、监督权需要三权平衡。风控目标主要为防范决策风险：科学决策、控制投资冲动、保持合理现金流、控制杠杆率、合理合法合规、同国家政策保持一致等，需要建立全面风控体系。
2	企业实际控制人强势文化及强大影响力	企业三权实质性集中。 表面看貌似是分权，一旦有变随时收回，反复之间局势可能一再恶化。	
3	权力实质性失衡	决策的随意性、片面性、非理性。 表面看貌似流程完善、层层把控，实质还是最高决策者的一言堂。	
4	机构及流程的貌似完善	相关各层级管理人员责任的实质性缺失。 真正发生了问题很难追究其他管理人员的责任。	
5	权责的失衡及不对等	针对决策层及高级管理人员内部监督机制的无效。	
6	实际利益分配的失衡	内部腐败的普遍性、顽固性、群体性。	

2.《风控困局》问题与措施对照表

<table>
<tr><th>序号</th><th>原因及问题</th><th>措施</th></tr>
<tr><td>1</td><td>企业三权中监督权不独立或不存在，风控工作很难在高级别开展，无法应对企业级及系统性风险。</td><td rowspan="4">1.要求企业实控人必须认识到风控工作的重要性，认识到一旦风险失控其后果绝对难以承受，包括利益、名誉、信用、地位等等各方面。
2.建立实质有效的公司治理结构。应强化监事会的监督制度，可以把企业内部风控体系（包括审计、监察、合规等）统一纳入监事会体系，让监事会能够长出腿、伸出手、管得住、抓得着、看得紧、盯得严，不能让“一切”为业务为挣钱让路，一定要在管理的边界（下限及上限）指引下开展工作。
3.依托风险控制部门建立企业全面风险防控体系。将各职能中心的服务与监督职能尽可能剥离开，做到该管的必管，不该管的必不管。
4.建立企业重大风险管理制度，包括识别、跟踪、校核、预案、预演等。对企业来说，预防的价值绝对大于事后补救的价值。</td></tr>
<tr><td>2</td><td>民营企业不管大小，任何时候都要求生存、求发展，一旦同生存发展的目标冲突了，肯定有很大的动力优先放弃风险控制。</td></tr>
<tr><td>3</td><td>风险控制的投入成本不少，产出却难以计量，而企业奉行以业绩为导向的绩效考核，这将导致在企业内部各职能中心的PK中风控部门很容易居于弱势地位。</td></tr>
<tr><td>4</td><td>风控体系的建设对风控人员的专业能力及职业道德水平要求非常高，审计师、风控师、法务人员、监察人员都必须是专业人才，需要不少的人力资源投入。</td></tr>
</table>

3.《无奈的偏差》问题与措施对照表

序号	种类	原因	后果	措施
1	定位偏差	三种定位：打工者，管理员，合伙人 两种认知：自我认知、企业认知 定位及认知产生错位	定位偏差、认知不一致，则企业内部问题重重，互相猜忌，互相抱怨，内耗严重，经营不顺	通过契约进行明确。应包括：定位认知，偏差校正；能力要求，权利匹配；职责范围，责任追究；分配方式，风险承担。通过签订详细而周全的契约合同，树立起并培养出严谨的契约精神及严格的履约意识
2	信任偏差	职业经理人的五层逻辑体系可能是缺失、不完整的	职业经理人缺乏善恶逻辑、良知行为逻辑，面对考验诱惑时，很容易迷失。结果很可能连所负责的板块滑入深渊。产生严重的信任危机、道德危机	在职业经理人的制度及体系建设上，高度重视善恶逻辑及良知行为逻辑的重要性、完整性、必须性。可以考虑：在建立选聘考核体系时、完善企业内部制度时、明确行业市场道德约束规则时、制定责任赔偿制度时，将善恶逻辑及良知行为逻辑进行嵌入、融合、渗透，进而开展相关的培训、考核、考验、评估、追查工作

续表

序号	种类	原因		后果	措施
3	认知误区偏差	为谁服务	为企业还是为个人服务出现混淆	当企业家或上级领导与企业利益不一致时，职业经理人这时的选择就会很痛苦，很有可能会屈于现实选择了前者，进而损害了企业的利益	如何保证做到企业利益至上，需要完善的法治环境、市场环境及相应的约束保护机制
		空降还是自己培养	原团队不能满足发展要求	全部内部培养。需要时间及交付学费，会形成内部人控制。大量外部空降。对企业缺乏深刻了解、缺少感情共鸣、离开原土壤的不适应，很易导致局面更加恶化	少量空降加大量原有干部培养的结合方式可能更为合适，由此带来的震荡才会更加可控。空降干部同原生干部之间的互动、理解必不可少，空降干部必须主动融入体系。必须做好二者之间的平衡、监督、风控，要有明确的制度及规矩约束
		能力的边界	职业经理人自身有局限性	过高或过低的预期都可能会产生问题	熟知能力边界，慎重委托及授权。准确地掌握这些局限的边界所在。团队作战，采用民主集中制的科学决策，进行两权或三权分立均衡，需要时存在独立的监督风控体系

4.《民企的过与得》问题与措施对照表

序号	原因	责任承担	措施
1	盲目信任了上游客户	企业，股东	各自责任各自承担。 总结、反思、复盘。可以谅解，可以包容，但要有真相。 真正建立起职业经理人负责制以及企业家负责制。 善待企业，以保护、重整、挽救企业为目的完善破产制度。 考虑设立专门的政府机构及国有基金来处理。 实事求是，共情同理，谅解包容，真正解决问题的方式
2	乐观估计了经济形势并被地方政府进行了神助攻	企业，股东	
3	决策层草率地进行了一些投资	企业，股东	
4	决策层轻易接受了大量融资	企业，股东	
5	大股东轻信了部分职业经理人的职业操守	企业，股东	
6	决策层有意无意忽视了经营现金流管理	企业，股东	

5.《控制与放手》的六个阶段

阶段	名称	适用阶段	说明
第一阶段	企业家的企业	初创及中小企业	企业是企业家的
第二阶段	企业的企业家	有市场基础的中型企业	企业家是监护人，需要企业家的基本掌控及初步授权
第三阶段	企业的企业	具有行业地位的中大型企业	企业家及核心团队共同成为了企业的掌控人，需要企业家的领头及更多授权
第四阶段	社会的企业	具有足够市场影响力及公开发行上市的企业	企业家及职业经理人团队共同成为了企业的管理人，需要企业家的监控及较大授权
第五阶段	有使命的企业	行业领头羊，资深上市公司	企业家更多的是作为精神领袖及监察督导员，需要放手但要加强风控
第六阶段	国民级的企业	有良知的超大型企业	企业家是精神领袖及舵手，更需要考虑企业的传承与稳定

6.《三体与蜕变》企业发展阶段与三体问题对照表

阶段	企业发展阶段	三体问题阶段	说明
第一阶段	权利一体期	问题萌芽期	所有权、经营权、监督权 三权混同
第二阶段	两权出现期	问题萌芽期	从所有权中分化出经营权
第三阶段	两权分化期	问题萌芽期	所有权、经营权并行存在
第四阶段	三权产生期	问题发展期	所有权、经营权并立 出现监督权的内部需要
第五阶段	三权分化期	问题发展期	所有权、经营权分立 需要存在监督权的强需求
第六阶段	三体困局期	问题成型期 （蜕变抉择期）	所有权、经营权、监督权 三权发展为三体，实质性分立
第七阶段	三权和谐统一期	问题解决	所有权、经营权、监督权 三权完整和谐，辩证统一

7.《企业与职业经理人》五层逻辑对照表

层级	逻辑层级	民营企业	职业经理人
第一层	外部表观逻辑	市场主体；独立运营；产权全部或大部归属个人	有专业能力；有专业特长；有综合能力
第二层	内部基本逻辑	强利益导向；适合的内部企业管理体系；表面建有三会机制，实质可能流于形式化；强结果导向逻辑；纠结的风控体系	为委托人、授权人、雇佣者服务，形成契约关系：以个人、企业、商业利益为导向；对结果有重要影响；对结果的责任承担缺乏或难以追究
第三层	是非逻辑	受法律逻辑制约；绝对遵从商业逻辑、市场逻辑；绝对的利益导向，偏向丛林法则；简单是非观	具备专业性，法律意识较强，是非概念较为清晰；无利益前提下，有官僚化倾向；有利益前提下，有寻求利益最大化倾向
第四层	善恶逻辑	可以选择善逻辑，可以选择恶逻辑，也可以奉行表面为善内在为恶的欺骗逻辑；可以不顾及社会责任	可以选择善逻辑，可以选择恶逻辑，也可以奉行表面为善内在为恶的欺骗逻辑；可以不顾及社会责任以及道德约束
第五层	行为指导逻辑	自发选择，有可能选择致良知的知行合一行为逻辑，有可能因为不知而不选择，还有可能选择了知行不合一	自发选择，有可能选择致良知的知行合一行为逻辑，有可能因为不知而不选择，还有可能选择了知行不合一

附四：中国文化与企业应用对照表

1．企业内部职能五行关系分类表

	五行分类	职能部门	说明
1	木元素	技术研发部门	具有生长、伸展、弯曲、舒张等特性
2	火元素	市场营销及投融资等部门	具有向上、火热、引领等特性
3	土元素	生产运营部门	具有一些承载、受纳、中和、收获等特性
4	金元素	人事行政、证券事务、合规风控等部门	具有收敛、清洁、稳定等特性
5	水元素	财务管理、信息管理等部门	具有滋润、向下、流动等特性

2．企业理念五行分类表

	五行分类	企业理念	说明
1	火元素	创新理念	向上、火热、引领
2	金元素	协调理念	收敛、清洁、稳定
3	木元素	绿色理念	生长、伸展、弯曲、舒张
4	土元素	开放理念	承载、受纳、中和、收获
5	水元素	共享理念	滋润、向下、流动

3．企业八大基础状态对照表

	基础状态	企业状态	说明
1	乾☰，健	所有权、经营权、监督权三强	代表天，企业管理上特质为“健”，强健，即“天行健，君子以自强不息”
2	坤☷，顺	所有权、经营权、监督权三弱	代表地，企业管理上特质为“顺”，即“地势坤，君子以厚德载物”
3	震☳，动	所有权弱，经营权弱，监督权强	代表雷，企业管理上特质为“动”，震动、震荡，如同打雷
4	艮☶，止	所有权强，经营权弱，监督权弱	代表山，企业管理上特质为“止”，停下，如同爬山
5	离☲，丽	所有权强，经营权弱，监督权强	代表火，企业管理上特质为“丽”，有艳阳高照、前途光明之意
6	坎☵，陷	所有权弱，经营权强，监督权弱	代表水，企业管理上特质为“陷”，即是陷进水坑、前景艰险之意
7	兑☱，悦	所有权弱，经营权强，监督权强	代表泽，企业管理上特质为“悦”，愉快，欢乐，喜悦而显现
8	巽☴，入	所有权强，经营权强，监督权弱	代表风，企业管理上特质为“入”，如长风不绝、无孔不入

4. 企业六十四状态对照表

	内部状态呈现	企业内部状态	外部状态呈现	企业外部状态	叠加组合状态
1	乾☰，健	所有权、经营权、监督权三强	乾☰，健	外部环境关系基础三强	乾、姤、遁、否、观、剥、晋、大有
2	坤☷，顺	所有权、经营权、监督权三弱	坤☷，顺	外部环境关系基础三弱	坤、复、临、泰、大壮、夬、需、比
3	震☳，动	所有权弱，经营权弱，监督权强	震☳，动	外部环境弱，关系弱，基础强	震、豫、解、恒、升、井、大过、随
4	艮☶，止	所有权强，经营权弱，监督权弱	艮☶，止	外部环境强，关系弱，基础弱	艮、贲、大蓄、损、睽、履、中孚、渐
5	离☲，丽	所有权强，经营权弱，监督权强	离☲，丽	外部环境强，关系弱，基础强	离、旅、鼎、未济、蒙、涣、讼、同人
6	坎☵，陷	所有权弱，经营权强，监督权弱	坎☵，陷	外部环境弱，关系强，基础弱	坎、节、屯、既济、革、丰、明夷、师
7	兑☱，悦	所有权弱，经营权强，监督权强	兑☱，悦	外部环境弱，关系强，基础强	兑、困、萃、咸、蹇、谦、小过、归妹
8	巽☴，入	所有权强，经营权强，监督权弱	巽☴，入	外部环境强，关系强，基础弱	巽、小畜、家人、益、无妄、噬嗑、颐、蛊

5．易经的五层逻辑对照表

层级	逻辑层级	易经系统	备注
第一层	外部表观逻辑	分为八八六十四卦，每卦六爻，64×6=384，再加上乾卦的用九与坤卦的用六（用，六爻皆动），合计共386条爻辞	
第二层	内部基本逻辑	初始为太极，太极生两仪，两仪成三才，三才组八卦，八卦有先天，先天转后天，叠卦演万物，万物有规律。64个状态，386种情况，1930种可能的结果。实质是基于古中国地理天象气候加上人本元素排列的时空模拟系统	
第三层	是非逻辑	“吉凶悔吝咎”五种判断标准。三易：不易、简易、变易。五要素：“理象数变通”	
第四层	善恶逻辑	核心是随着善恶观进行底层推演。“趋吉避凶”的前提必然是以从善为前提	
第五层	行为指导逻辑	建立在儒家《周易》思想基础上发展提升的“致良知/知行合一”思想体系	

6．东方文化与西方文化的五层逻辑对照表

层级	逻辑层级	西方文化	东方文化
第一层	外部表观逻辑	局部探究，从细节到整体，具体，形而下，重视冲突斗争，一神论	整体探究，从全面到局部，粗略，形而上，重视和谐均衡，多神或无神论
第二层	内部基本逻辑	重逻辑思维，精确，因果推理，抽象与概括，分析与综合，比较与类推，归纳与演绎，创新与探索	不重视逻辑思维（无逻辑概念），大概模糊，天人合一，跳跃类比，感觉体会，感悟与顿悟，以古为尊
第三层	是非逻辑	重是非，逐步建构清晰的法律逻辑、商业逻辑、市场逻辑、经济逻辑、政治逻辑、军事逻辑、国家逻辑，并形成系统的条目、学科、理论	不清晰的是非观，天人合一宇宙逻辑，阴阳五行天干地支时空模拟逻辑，易经的整体及变化逻辑，系统平衡的政治逻辑、社会逻辑、医学逻辑，未形成系统的现代学科及理论
第四层	善恶逻辑	以传统《旧约》《新约》为核心的简单朴实、形而下逻辑	成体系，完整的宗教、伦理、人文、社会哲学逻辑，形而上，以《易经》为首的四书五经儒家思想，以《道德经》为首的道家思想，以《金刚经》《心经》及众多佛经为首的佛家思想
第五层	行为指导逻辑	以宗教为核心的简单直接朴实逻辑	完善复杂系统思维，产生了集大成的致良知的知行合一儒家思想逻辑，以及性空缘起缘起性空的佛家思想逻辑

7. 中国文化分类法对照表

序号	分类法	状态描述	说明
1	两仪	两分法 阴阳	正反，正负，强弱，明暗，对立两面
2	三才	三分法 天地人三才	可以对应着：规则、基础、人，上层建筑、基础架构、能动元素，所有权、监督权、经营权，上限、下限、主体等
3	五行	五分法 木火土金水	木元素，生长、伸展、弯曲、舒张；火元素，向上、火热、引领；土元素，承载、受纳、中和、收获；金元素，收敛、清洁、稳定；水元素，滋润、向下、流动
4	八卦	八分法 乾（☰）、 坤（☷）、 震（☳）、 艮（☶）、 离（☲）、 坎（☵）、 兑（☱）、 巽（☴）	乾，健也；坤，顺也；震，动也；巽，入也；坎，陷也；离，丽也；艮，止也；兑，说也。天地定位（乾与坤）、雷风相薄（震与巽）、山泽通气（艮与兑）、水火不相射（坎与离）。通过三才核心三元素各自的阴阳强弱推导而出
5	十天干	十分法 甲、乙、 丙、丁、 戊、己、 庚、辛、 壬、癸	时间序列，计时方式；地理方位；天文历法。 甲，万物甲生（出生）；乙，万物乙长（生长）；丙，万物丙然（光耀）；丁，万物丁壮（强壮）；戊，万物戊盛（茂盛）；己，万物己曲（弯曲）；庚，万物庚替（更替）；辛，万物辛苦（艰辛）；壬，万物壬重（任重）；癸，万物癸死（死亡）。通过五行各自元素的阴阳属性展开而来，是一种更复杂的五行展开法

续表

序号	分类法	状态描述	说明
6	十二地支	十二分法子、丑、寅、卯、辰、巳、午、未、申、酉、戌、亥	时间序列，计时方式；地理方位；天文历法；演化方式。子是兹，指万物兹萌于既动之阳气下；丑是纽，阳气在上未降；寅是移，引的意思，指万物始生寅然也；卯是茂，言万物茂也；辰是震的意思，物经震动而长；巳是起，指阳气之盛；午是仵的意思，指万物盛大枝柯密布；未是味，万物皆成有滋味也；申是身的意思，指万物的身体都已成就；酉是老的意思，万物之老也；戌是灭的意思，万物尽灭；亥是核的意思，万物收藏。通过八八六十四卦十二消息卦演化推演而来，即八卦六爻从全阴到全阳之间的依次顺序变化所得，意味着从全阴到全阳再到全阴的完整发展过程演化
7	六十四卦	事物的六十四种状态模拟	由代表事物内部外部、主体客体的两层基础八卦叠加演化所得。几乎可以囊括我们的全部日常生产活动

8．中国文化描述发展演化阶段对照表

阶段	发展阶段	阴阳演化	说明
第一阶段	母体期	太极	初始有太极
第二阶段	赋能期	两仪	太极生两仪
第三阶段	催化期	三才	两仪成三才
第四阶段	体验期	八卦	三才组八卦
第五阶段	形意期	是非	八卦分是非
第六阶段	蜕变期	善恶	是非有善恶
第七阶段	大道期	良知	善恶归良知　良知化大道
以后阶段	开始新的发展周期	新周期的螺旋式上升	大道入太极　太极再太极

9．易经系统模拟八步评估法

步骤	名称	描述
第一步	确定目标	确定需要探究的事物，该事物可以是人、事、团队、企业、项目
第二步	确定六要素	对该事物进行六要素分类 内部三要素：内在基础、内在能动性、内在体系 外部三要素：外部基础、外部关系、外部环境
第三步	分析六要素（定性分析）	对六要素逐项进行强弱状态分析
第四步	识别卦象状态	根据六要素阴阳状态判断事物当前状态
第五步	分析变动要素	根据第三步的定性分析，继续判断当前状态下最容易变动的因素，即找到变爻
第六步	分析变化后状态	分析事物状态的变化。即该卦象的变爻发生阴阳转化后的状态是什么，一定要提前预判并做准备
第七步	分析复杂性	复杂局面下，分析事物本身的错综复杂性。对事物目前状态的错卦、综卦、互卦状态一一进行分析判断
第八步	分析主动应变必要性	主动求变的必要性及可行性

后记

《尘镜逆熵：从中国文化走出的逻辑》终于付印了，非常开心。

感谢出版社的施娜老师、管世献老师及其他的编辑老师，没有你们的辛苦付出就没有这本书的出版。

感谢一直关心着这本书的领导、同事、家人们，没有你们的认可及鼓励，我就没有坚持的动力及基础。

从2021年11月在今日头条上发表第一篇文章开始，接着到微信公众号上发表，两年多时间陆陆续续发表了50多篇原创文章。

一路走来，感慨万千，尽管碰到疫情及公司破产重整，但也获得了细细思考的时间。正是通过这些梳理及思考，思想才获得了逐步完善提升，因此也更希望这些思考能对大家有所帮助。

感谢我的父亲、母亲，正是你们无私的一路鼓励，才有了这些文章的诞生，以及这本书的出版。

感谢我的妻子，正是你的支持，从配图、格式、表述、排版，到反思、探讨，才能让我一直坚持。

谢谢你们。

这本书的出版只是一个开始，很多思考、想法、应用还需要继续补充完善，应该会有《尘镜逆熵》之二、之三、之四。

继续努力，永不停歇。

“青年时自律，成年时正义，老年时智慧”。

赵　波

2024年3月12日